D0902497

Convierte a tus SEGUIDORES en CLIENTES

Monetiza tu reputación de *influencer* y las redes sociales de tu marca

Antonio Torrealba

@atorreal

CONVIERTE A TUS SEGUIDORES EN CLIENTES
Copyright ©Antonio Torrealba
Primera Edición 2019
ISBN: 978-0-578-51938-8
www.antoniotorrealba.com
@atorreal

Producción: Becoming an Influencer Corp
Fotos de portada y contraportada: Héctor Torres
Diseño de portada y montaje:
Escarpia Producciones Editoriales
@escarpiapro

A Ludovico, Alfonsina y Octavio Vicentino.

Contenido

Presentación

No creo en la buena o en la mala suerte. Cada quien tiene en sus manos las posibilidades de labrar su destino. ¿Por qué entonces me gusta comparar el manejo de las redes sociales de una empresa con un juego? Porque ambas actividades necesitan de razonamiento táctico, habilidades, coordinación y capacidad deductiva, entre otras aptitudes para poner con destreza las fichas sobre el tablero y lograr la victoria.

Pero cuidado: manejar redes sociales (RRSS) es un juego de estrategia. No de azar. No es cosa de lanzar los dados a ver si nos sonríe la fortuna. Sin embargo, muchas personas creen que se trata solo de abrir un perfil en Instagram, Facebook o Twitter y empezar a publicar ofertas y promociones como quien juega a la ruleta. ¡Nada más lejos de la realidad!

Estar en las redes sociales no hace la diferencia. La mayoría de las empresas y marcas personales ya lo están. Lo que marca la diferencia es cómo se manejan las fichas para tomar la delantera, superar a los jugadores rivales y relacionarse con los seguidores para sumarlos a nuestra causa y convertirlos en clientes. Sí, hacer que apuesten a nuestro favor.

¿A quiénes va dirigido este libro?

Identifiquemos ahora a los jugadores. Estas páginas van dirigidas a los *community managers*, *social media managers* y *freelancers* que necesitan formarse constantemente para enfrentar los desafíos que casi a diario presentan las redes sociales. A ellos les digo que no hay una meta al final del tablero. Esta partida nunca termina. Las reglas del juego cambian a cada momento y el ganador de hoy que no actualice su estrategia podría ser el perdedor de mañana. O viceversa.

Este libro también está destinado a los emprendedores que decidan asumir las redes de su negocio. ¡Un emprendedor que diga que no le gustan las redes sociales está totalmente equivocado! y sin futuro en esta época dominada por las relaciones sociales que se tejen en la red. Emprender es hoy sinónimo de redes sociales.

Aunque ya muchos de ustedes se estarán haciendo la pregunta: ¿un emprendedor está capacitado para asumir esta labor? No hay una respuesta única. El emprendedor es quien mejor conoce su negocio y no habrá nadie como él tan compenetrado con la marca. ¡Punto a su favor! Pero eso no quiere decir que sepa cómo comunicar su mensaje ni que maneje las herramientas adecuadas para hacerlo.

También hay que tomar en cuenta que el dueño de una empresa tiene muchas responsabilidades diarias, que si tratar con empleados, proveedores, clientes, y un montón de ocupaciones más que le dificultarán gestionar las redes sociales de la compañía.

Una opción es destinar un monto del presupuesto de la empresa para la contratación de un profesional en social media. Pero acá nos encontramos con la dura realidad: muchos emprendedores no cuentan con los recursos económicos para pagar una agencia o a un *community manager*, al menos no en las etapas iniciales del negocio.

Si ese es tu caso, el propósito de este libro es llevarte de la mano, paso a paso, a medida que avanzas por el tablero.

¿Qué encontrarás aquí?

Ahora, ¿qué pasos dar para enfrentar el desafío? ¿Cuáles acciones tomar para que esta tarea se traduzca en resultados económicos? Te lo explico con las siguientes casillas:

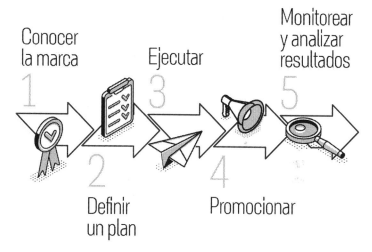

Estas fases son expuestas con un lenguaje accesible para todos y de manera práctica. Van al grano. Los consejos están acompañados de plantillas descargables en mi web **www.antoniotorrealba.com** para esquematizar y organizar las tareas, sugerencias de aplicaciones y herramientas, más recomendaciones de perfiles comerciales cuyas buenas prácticas son ejemplos a seguir.

Al final también encontrarás un glosario con los térmi-nos básicos para el manejo de redes sociales, y el cual te recomiendo revisar para que comiences a familiarizarte con la jerga de este medio.

Insistir en la importancia de que la empresa participe en las redes sociales sería decir más de lo mismo. Son muchos los premios a obtener a medida que se avanza:

- Dar a conocer y consolidar la marca.

- Mejorar su reputación digital.

- Lograr mayor visibilidad e interacción.

- Aumentar las ventas mediante la conversión de seguidores en clientes.

- Conseguir aliados a una causa si se trata de una organización sin fines de lucro.

¿Qué no es este libro? No es un manual técnico que explica clic por clic cómo suscribirse a determinada plataforma o aprender a manejar una aplicación. Me parece más valioso presentar la información relevante para que tomes las decisiones apropiadas en cada etapa y así lograr los mejores beneficios.

Ahora te invito a ubicarte en el punto de partida e iniciar el juego. ¡Hoy mismo! Deja de ser un simple espectador que ve cómo otros avanzan y se llevan los trofeos. Nunca ganarás si no das el primer paso. Empezar a perseguir tus metas es la primera prueba superada, el trofeo inicial a recoger. ¡La muestra de que ya empezaste a ganar!

Antonio Torrealba
@atorreal

Conoce la marca

Para enamorar, primero hay que conocer

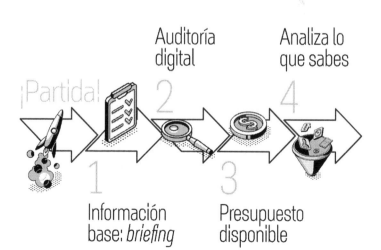

¡Partida!

Auditoría digital

Analiza lo que sabes

Información base: *briefing*

Presupuesto disponible

Se dice que la principal responsabilidad del encargado de las redes sociales de una empresa es comunicar la voz de la marca ante su público objetivo. Aunque suene un poco romántico, a mí me gusta ir más allá: su propósito es que ese público se enamore de la marca. Que caiga rendido a sus pies ¡Que la audiencia no pueda vivir sin ella! Y, por supuesto, que ese amor se traduzca en resultados económicos.

Para generar esta vinculación emocional hay que conocer primero la marca. Solo así sabrás qué decir, cómo hacerlo y cuáles objetivos perseguir mediante esa «conversación» que establecerás con la audiencia a través de las redes sociales.

Checkpoint

Nunca publiques la primera línea o imagen sin estar lo suficientemente enterado de qué se trata el negocio. Solo así lograrás que los contenidos en las redes sean coherentes e impulsen los objetivos de la marca.

Las tareas por cumplir

En caso de que seas dueño de la empresa, no creas que te la sabes todas por ser su propietario: conozco a muchos dueños de negocios que no se han sentado a reflexionar sobre los valores, principios, objetivos, misión y otros factores importantísimos para desarrollar su compañía.

O si has decidido contratar a un tercero para manejar las redes de tu empresa, ya sea una agencia de social media o un *community manager*, igual debes tener claro estos puntos para comunicarlos al profesional que contrates.

Sea uno u otro tu caso, conocer bien la marca es fundamental para abordar las siguientes tareas básicas que aguardan a quien maneje las redes de una compañía:

Crear y administrar perfiles

Publicar contenidos

Acciones de marketing

Interactuar

Seguir y evaluar resultados

Manejar crisis

- Crear y administrar los perfiles en las redes.

- Publicar contenidos de valor.

- Activar acciones de marketing para apoyar el cumplimento de los objetivos de negocio de la compañía, ya sea a través de promociones, sorteos, concursos, campañas de publicidad, acciones con *influencers,* entre otras.

- Dar respuesta, interactuar y promover la conversación entre los usuarios para potenciar la comunidad.

- Hacer seguimiento y evaluar los resultados.

- Manejar posibles crisis de reputación digital.

Información para arrancar

Antes de abordar las tareas planteadas hay que conocer la marca y recopilar la información esencial sobre ella. ¿Cómo abordar este primer paso? Mediante la elaboración de lo que en marketing se llama *briefing,* que comprende la historia, visión y misión de la marca, el tipo de cliente que maneja, su personalidad, estilo y tono, así como su competencia.

Checkpoint

El *briefing* es un documento donde se organizan los datos fundamentales de la marca y representa el punto de partida para que las futuras acciones pisen terreno sólido. A partir de él se establecen objetivos claros y medibles.

Un *briefing* debe responder las siguientes preguntas que podrían dividirse en muchas otras según las exigencias de la empresa a la hora de manejar sus redes sociales.

¿Qué hace?

¿Cuál es su público?

¿Cuál es su personalidad y estilo gráfico?

¿Cuáles son sus competidores?

¿Qué hace la marca?

Ten muy en claro lo siguiente:

• ¿Cuál es su Misión, es decir, qué hace? Ejemplo: «Vendemos ropa femenina de alta calidad».

• ¿Cuál es su Visión o a dónde quiere llegar? Ejemplo:

«Mediante franquicias seremos la tienda de ropa femenina de calidad de mayores ventas en el país».

• ¿Qué tipo de productos o servicios ofrece?

• ¿Cuáles son sus valores y principios?

• ¿Cuál es su propuesta de valor, es decir, qué la hace diferente de las otras compañías que ofrecen productos o servicios similares?

• ¿Cómo se comunica con los clientes?

• ¿Cómo se realizan las ventas o la prestación del servicio, ya sea ventas directas o mediante compra electrónica?

¿Cuál es su público?

Conocer a la audiencia es fundamental para decidir qué decirle, cómo decírselo, y cuáles son las mejores horas y días para publicar los contenidos. Así que conoce las respuestas a las siguientes preguntas sobre el negocio:

• ¿Dónde está ubicado geográficamente?

• ¿Es global o local?

• Edad promedio.

• Sexo.

• Educación.

• Nivel socioeconómico.

Estas preguntas son solo el inicio. Ahora debes pasar a definir lo que en marketing se conoce como *buyer persona*: el perfil de cliente ideal de la marca. Este perfil incluye los datos mencionados y otros elementos más subjetivos como los siguientes:

- ¿Cuáles son sus intereses y gustos?
- ¿Cuáles son sus motivaciones?
- ¿Qué objetivos laborales y personales persigue?
- ¿Cómo interactúa con el producto o servicio?
- ¿Cuáles redes sociales frecuenta ese público?
- ¿Qué tipo de contenidos digitales consume?
- ¿Cuáles son sus recuerdos favoritos de la infancia?
- ¿Disfruta a la hora de aprender cosas nuevas?
- ¿Cuál era su materia favorita en la escuela?

Checkpoint

Quienes manejan la marca ya deben conocer el perfil del *buyer persona* y comunicarla al responsable de las redes sociales. Sin ese conocimiento podrías cometer el error de dirigir los contenidos a una audiencia equivocada.

Herramienta sugerida

Facebook Audience Insights

Para conocer al público objetivo de una marca, entra en Facebook a la página de una empresa similar y revisa quiénes son las personas que buscan sus contenidos.

¿Dónde? www.facebook.com/business/news/audience-insights

¿Cuál es su personalidad y estilo gráfico?

Personalidad de la marca

Dos empresas pueden ser casi idénticas en sus objetivos, productos o servicios, pero la personalidad que proyecta cada una de ellas es única. ¡O al menos así se espera que sea! El tono de los contenidos en redes debe reflejar esa personalidad única.

A partir de los tipos de personalidades que definió el psicoanalista suizo Carl Jung, te propongo 10 formas de ser de una organización:

Personalidad	Características	Así es...
Creativa y exploradora	• Innovadora • Artística • Expresiva • Inquieta • Curiosa	
Agitador	• Atrevida • Osada • Espiritu ganador • En acción	
Revolucionaria	• Rebelde • Agitadora • Descarada • Sin esquemas	
Amante	• Sentimental • Cariñosa • Emotiva • Nostálgica • Seductora	
Convencional	• Quiere encajar • Adaptativa • Hogareña	
Sabia	• Analítica • Informativa • Conocedora	

Dominante	• Liderazgo • Busca el éxito • Alta calidad de vida • Controladora • Sofisticada	**ROLEX**
Divertida	• Amigable • Simpática • Risueña	**OREO**
Cuidadora	• Sentido de protección • Enfocada en el servicio • Maternal • Protectora	**Nestle**
Inspiradora	• Motivacional • Carismática • Competitiva	**NIKE**

Tras revisar esta serie de personalidades, identifica en qué tipo de personalidad se ubica la empresa o la marca personal para que sus contenidos en red sean coherentes con esa personalidad.

Jugador estrella

@oreo

Es una identidad de marca muy coherente en sus publicaciones, con una voz muy definida: juguetona, divertida, despreocupada y amistosa.

Estilo gráfico

Hay que conocer la personalidad gráfica de la marca para que las publicaciones en red reflejen la misma consistencia visual. Así que presta atención a los siguientes elementos:

• Colores corporativos de la papelería, web, tienda física, publicidad tanto *offline* como *online*.

• Elementos gráficos como iconografía, tipografía, mascota o algún trazo característico.

¿Quiénes son sus competidores?

Hay que conocer la actuación de la competencia en las redes sociales no para copiarla, sino para identificar sus puntos fuertes, qué debilidades muestran en su manejo digital, y cómo nuestra marca puede diferenciarse y superarla:

• ¿En cuáles redes está la competencia?

• ¿Qué tipo de contenido publica?

• ¿Cuál es su actual número de seguidores, fans o suscriptores en sus redes sociales?

• ¿Cuál es la periodicidad de publicación?

• ¿Cuál es su personalidad?

• ¿Hay una red social donde la competencia no esté?

• ¿Cuál es su estrategia de posicionamiento en redes sociales? Algunas de estas estrategias podrían ser:

  o Contenido de calidad.

  o Sorteos.

  o Encuestas.

- o Rebajas y descuentos.
- o Servicio al cliente.
- o Utilización de elementos multimedia.
- o Nicho y temática bien definidos.

Herramienta sugerida

www.octosuite.com
Además de programar contenidos, es muy útil para saber qué hace la competencia, buscar grupos de interés, descubrir contenido viral y analizar la audiencia de algún nicho.

¡Descárgalo!

Visita mi web **antoniotorrealba.com** para descargar una plantilla en PowerPoint para la elaboración del *briefing* de una empresa.

¿Dónde estamos? Auditoría digital

Luego de conocer la información básica de la marca, ahora toca enfocarnos en la presencia digital que muestre hoy en día. A grandes rasgos, dividiremos esta auditoría en dos áreas: página web y redes sociales.

Página web

Supón que a un usuario de Instagram le ha gustado un pantalón que promociona la empresa en esa red, pero al darle clic al anuncio y llegar a la web no encuentra el producto, ni se le explica cómo elegir su talla o color favorito. ¡Se ha perdido una oportunidad de venta!

De poco sirve elaborar el mejor plan de social media del planeta si después la web no está optimizada para recibir y convertir a las visitas en clientes. De allí que la web es llamada el centro de operaciones de toda estrategia digital. Es importantísimo analizarla para saber si está a la altura de las acciones del plan de social media. Para ello te presento la siguiente tabla con los datos eseciales:

Auditoria Digital Web						
	Tiene		Tráfico	Ranking	Usabilidad	Otro
	Sí	No				
Web						
Tienda virtual						
Blog						
Lista de correos						

¡Descárgalo!

En **antoniotorrealba.com** podrás descargar esta plantilla en formato PowerPoint.

Herramientas sugeridas

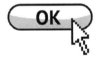

Google Analytics

Google Analytics

El propio Google ofrece esta herramienta para conocer los elementos de la auditoria digital, desde número de visitantes, conversiones, duración de las visitas y más. Quien diseñó la web debe incorporar el código para desde allí conocer estas métricas.

 www.nibbler.silktide.com

Basta escribir el nombre de la web para que esta herramienta *online* gratuita revele su nivel de popularidad y relevancia en redes sociales.

Redes sociales

En la auditoría a las redes sociales de una marca me encuentro mucho con dos posibilidades. La primera es cuando el negocio no está presente en las redes sociales porque fue creado recientemente o porque no le habían dado importancia a estas plataformas. Si ese es el caso, tendrás que partir de cero y empezar a construir su identidad digital teniendo como base la información recopilada hasta ahora.

El segundo escenario es el de la marca con presencia en las redes aunque con resultados poco favorables. Toca determinar en qué situación está. ¿Cómo?

• Preguntando a los líderes de la empresa.

• Visitando los perfiles en las redes sociales donde la marca está presente.

• De ser posible, preguntando a las personas que hasta el momento llevan esos perfiles.

• Utilizando herramientas de seguimiento y evaluación que te recomiendo líneas más adelante, así como a todo lo largo de este libro.

Las dudas a resolver de este primer acercamiento a los perfiles de la marca son:

Auditoría Digital Redes Sociales					
	Tiene		Número de seguidores	Interactividad	Frecuencia de publicación
	Sí	NO			
📷					
f					
🐦					
▶					
in					
Otras					

 ¡Descárgalo!

En mi web **antoniotorrealba.com** podrás descargar una plantilla en PowerPoint para la auditoría digital de la marca.

¿Cómo sacar los datos que irán en la plantilla propuesta? Algunos como números de seguidores o frecuencia de publicación son fáciles de identificar con apenas un vistazo al perfil en determinada red social. Para datos más específicos como interactividad o alcance de las publicaciones, en el capítulo sobre seguimiento y medición te explico las herramientas para hacerlo.

Completar este cuadro no solo es útil para tener claro el punto de partida, sino también para fijar las metas y comprobar luego, una vez que el plan de acción esté en marcha, si esas metas se están cumpliendo. Además de la información presente en la plantilla presentada, en esta etapa de exploración debes tomar nota de los siguientes aspectos:

- ¿En cuál red social consigue los mejores resultados y en cuál los peores?

- ¿Cuáles contenidos tienen más *engagement* o compromiso de los seguidores?

- ¿Cuál es la popularidad de las publicaciones?

- ¿Qué tipo de contenidos publica generalmente?:
  - Promocionales
  - Informativos
  - Entretenimiento
  - Encuestas
  - Concursos
  - Otros

- ¿Cuál es el formato más utilizado?
  - Imágenes
  - Videos
  - Infografías
  - Otros

- ¿Qué reputación tiene en las redes?
  - Buena
  - Mala
  - Neutra

- ¿La marca ha enfrentado en el pasado crisis de reputación *online*?

KEYH◉LE www.keyhole.com

Para analizar el número de seguidores, *engagement*, frecuencia de publicación e interacción de las publicaciones, entre otros datos de las cuentas de Instagram.

metricool www.metricool.com

Para analizar el alcance de las publicaciones, hora de mayor interacción y contenidos que mejor funcionan, tanto propios como de los competidores.

Conoce el presupuesto disponible

Se dice que soñar no cuesta nada, pero alcanzar esos sueños sí tiene sus costos: los recursos de los que se dispongan impactarán significativamente el plan de contenido. Algunos de estos costos podrían ser:

• **Contenidos promocionados.** Hay que derrumbar el mito de que las redes sociales son gratis: estas plataformas limitan la visibilidad de las marcas como una manera de presión para que inviertan en publicidad.

• **Contratación de un fotógrafo profesional** para imágenes de productos o servicios, instalaciones, etc. En algunas redes como Instagram la calidad de la imagen es fundamental. En el caso de un restaurante, ¡a un seguidor se le quitará el apetito si los platos se ven borrosos y con una mala iluminación!

- **Producción de videos.** De acuerdo al plan de contenido (punto que veremos en el próximo capítulo), quizá necesitarás invertir en aparatos para iluminación, micrófono, elementos decorativos de las locaciones, etc.

- **Compra de aplicaciones y herramientas.** Para este libro preferimos recomendar opciones gratuitas, pero hay algunas con resultados más profesionales que son de pago. Estas últimas por lo general ofrecen un periodo de 15 días a un mes para que las pruebes y decidas si vale la pena invertir en ellas.

- **Licencias de programas** como Photoshop, Illustrator u otros.

- Posible **contratación de *influencers*.**

- Realización de **cursos y talleres** para seguir aprendiendo sobre el uso de las redes.

Checkpoint

No se trata de contar con grandes recursos para publicar contenidos de calidad: ¡la creatividad es la gran aliada para brindar publicaciones poderosas!

Analiza lo que sabes: Matriz DAFO

Con toda la información recopilada hasta ahora, es momento de analizar cuáles factores de la situación actual de la empresa juegan a favor o en contra de su éxito en redes sociales. El método que sugiero para este análisis es la matriz DAFO.

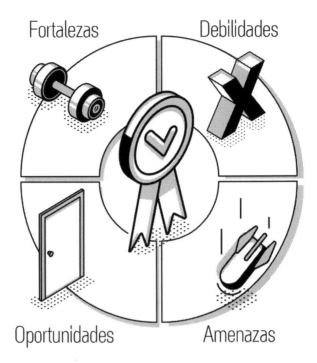

Fortalezas   Debilidades

Oportunidades   Amenazas

Este esquema fue desarrollado por el investigador Albert S. Humphrey con el propósito de identificar las debilidades, amenazas, fortalezas, y oportunidades de una empresa. Ten en cuenta lo siguiente:

- **Debilidades y fortalezas** son agentes internos.

- **Amenazas y oportunidades** son agentes externos.

Una vez analizados todos estos elementos, estarás en capacidad de plantear acciones que refuercen las fortalezas y neutralicen las debilidades, explotar las oportunidades en el entorno y hacer frente a posibles amenazas en la gestión de redes sociales.

En fin, ya a estas alturas contarás con la información necesaria para asumir la misión que tienes por delante: idefinir qué busca una empresa en las redes sociales y empezar a lograrlo!

Planifica

Arma una estrategia que cautive

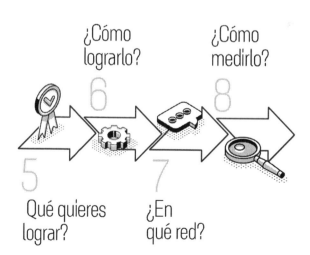

¿Cómo lograrlo?

¿Cómo medirlo?

Qué quieres lograr?

¿En qué red?

Estar presente en las redes sociales no es empezar a publicar a ciegas el primer día en que se abre el perfil de la empresa: ahora que ya conoces la información relevante de la marca, define un Social Media Plan (SMP) para saber qué camino seguir y alcanzar los objetivos trazados.

Independientemente de su grado de complejidad, toda estrategia en redes sociales debe dar respuesta a las siguientes preguntas:

• ¿Qué objetivos se quieren lograr?

• ¿Cómo convetir los objetivos de la empresa en objetivos en las redes sociales?

• ¿Cómo lograrlo? Metas y acciones.

• ¿Dónde? En cuáles redes sociales estar.

• ¿Cómo medirlo?

¿Qué se quiere lograr? Objetivos

Conocer los objetivos de negocio de la empresa es esencial para alcanzar el éxito en las redes sociales. Bajo el foco de esos objetivos se deben agrupar las metas y acciones o, de lo contrario, las aspiraciones del negocio irán por un lado y la estrategia en las redes sociales tomarán un rumbo distinto.

Veamos en la siguiente tabla algunos objetivos de negocios y cómo pueden traducirse en objetivos de las redes sociales:

Objetivos del negocio	Objetivos en redes sociales
Ser la empresa líder del mercado:	• Potenciar la imagen del negocio, creando vínculos de cercanía entre los seguidores y el producto o servicio ofrecidos. • Obtener mayor visibilidad. • Aumentar el tráfico web.
Aumentar la rentabilidad:	• Convertir a los seguidores en clientes. • Fidelizar a los clientes actuales.
Expandir el negocio a otras regiones del país:	• Generar una mayor comunidad en los estados donde la empresa planee incursionar. • Incrementar la interacción de la comunidad existente.
Superar a la competencia:	• Dar a conocer en las redes la propuesta de valor que diferencia a la empresa de sus competidores. • Ofrecer a los seguidores contenidos orientados a mejorar el servicio al cliente.
Establecerse en el mercado internacional:	• Abrir y expandir comunidades de seguidores en los países donde la empresa planee incursionar.

Checkpoint

Se pueden trazar varios objetivos en redes sociales, pero trata de que no sean más de tres para no perder foco y que las acciones se dispersen por querer abarcarlo todo.

Utiliza el método SMART

Los objetivos a conseguir con la estrategia en redes sociales deberán ser SMART. Este acrónimo de *inteligente* en inglés resume las cinco características que debe contener todo objetivo de RRSS para que deje de ser un deseo y se convierta en un propósito concreto y medible:

- *Specific* (Específico): debe ser concreto y definido.

- *Measurable* (Medible): tiene que poderse medir. Solo así podrás determinar si se está cumpliendo o no.

- *Attainable* (Alcanzable): debe ser posible, no un sueño.

- *Relevant* (Relevante): asegúrate de que sea relevante para el negocio.

- *Time-limited* (Plazo): debe cumplirse en un tiempo determinado.

Una vez aplicado el método SMART, un objetivo intangible pasa a ser específico, medible, alcanzable, relevante para el negocio y posible de lograr en un periodo de tiempo determinado. Te expongo algunos ejemplos de cómo hacerlo:

Objetivo sin SMART	Objetivo con SMART
Aumentar las ventas	Convertir el 5 % de los seguidores en compradores en 1 año.
Convertirse en una marca reconocida	Incrementar en 25 % la interactividad de los seguidores en 6 meses.
Obtener mayor visibilidad	Aumentar en 30 % el tráfico web en 8 meses

¿Cómo lograrlo? Metas y acciones

¿Cómo lograr tus objetivos? La respuesta es una sola: mediante la fijación de metas y acciones. Comencemos por aclarar con un ejemplo de la vida real las diferencias entre objetivos, metas y acciones:

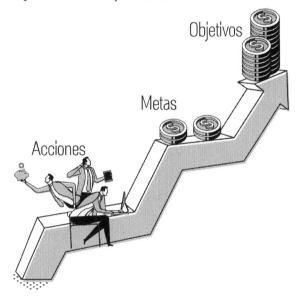

Objetivo

Es el propósito final que se desea alcanzar. Ejemplo de objetivo: ahorrar $ 5 000 en un año.

Metas

Es el objetivo dividido en logros específicos que se van alcanzando en un tiempo determinado. Ejemplo de metas: ahorrar esos $ 5 000 no lo conseguirás en una sola semana o un mes (¡aunque ojalá así sea!). Deberás fijarte metas específicas en un periodo razonable, como podría ser:

Meta 1) ahorrar $ 300 mensuales

Meta 2) aportes especiales sacados de bonos vacacionales o de fin de año.

Acciones

Actividades a realizar para alcanzar las metas. Son los medios para alcanzar un fin. Ejemplo de acciones: en el caso de ahorrar los $ 5 000 en un año, las acciones para lograrlo podrían ser:

1) Trabajar horas extras.

2) No realizar gastos innecesarios.

3) Tomar un segundo empleo.

Veamos tres ejemplos de cómo aplicar esta fórmula en el manejo de las redes sociales de un negocio:

Objetivo 1:

Convertir el 5 % de los seguidores en compradores en un lapso de 1 año.

Metas objetivo 1:

• Diseñar y activar un plan de promoción y ventas para cada red social donde la marca esté presente.

Acciones objetivo 1:

• Crear campañas mensuales en Facebook Ads.

• Establecer un cronograma de ofertas a publicar en los próximos 2 meses.

• Contratar un *influencer* cada seis meses que recomiende la marca.

• Publicar contenido relacionado con fechas de temporada (Navidad, San Valentín, vacaciones, inicio de año escolar, Día de la Madre, etc.).

Objetivo 2:

Incrementar en un 25 % la interactividad de los seguidores en un 1 año.

Metas objetivo 2:

• Alcanzar de 5 a 8 menciones por publicación.

• Alcanzar de 15 a 20 Me gusta por publicación.

• Alcanzar de 10 a 15 publicaciones compartidas por cada post.

Acciones objetivo 2:

• Acompañar los post con *hashtags* que promuevan la participación de la gente.

• Estar atento a las informaciones diarias que sean de interés de los seguidores y publicar contenidos relacionados con esas informaciones.

• Organizar un concurso mensual.

• Definir y usar las palabras claves de la marca.

• Crear publicaciones con frases motivacionales de interés para el público objetivo.

• Identificar los mejores horarios para publicar.

• Incluir y mencionar en los posts a personajes con influencia en las redes sociales.

• Cobertura de eventos de interés para los seguidores.

• Crear y administrar en Facebook un grupo relacionado con la actividad de la empresa.

• Publicar al menos 2 videos mensuales en YouTube.

Objetivo 3:

Aumentar en un 30 % el tráfico web en 6 meses.

Metas objetivo 3:

• Alcanzar una media de al menos 20 visitas a la web por cada publicación en la red social.

Acciones objetivo 3:

• Promocionar la descarga de tutoriales en la web.

• Acompañar cada publicación en las redes de llamados a la acción o *call to action* dirigidos a visitar la web.

• Reutilizar contenidos que en el pasado hayan tenido mucho alcance e interactividad.

• Publicar enlaces de la web en grupos de Facebook.

• Promoción en redes sociales como Facebook Leads Ads o Twitter Cards.

Para facilitar el manejo de los objetivos, metas y acciones, te sugiero el siguiente esquema. Relleno los primeros espacios para darte un ejemplo. Sigue tú con el resto según las necesidades de la marca que manejes:

OBJETIVO: Convertir el 5 % de los seguidores en compradores en un 1 año		
Meta 1	Acciones	Medición
Diseñar y activar un plan de promoción y ventas para cada red social donde esté la marca.	Crear campañas de pago en Facebook Ads como acción principal.	Herramienta de medición de Facebook Ads
	Establecer un cronograma de ofertas a publicar en Instagram los próximos 2 meses.	Herramienta Command for Instagram
	Contratar a un *influencer* para promocionar la marca.	Herramientas de medición de cada red donde se realizó la promoción.

¿Dónde lograrlo? Elige la red adecuada

Ya sabemos qué queremos conseguir y cómo lo vamos a lograr. Es hora de definir dónde. Es decir, cuáles son las plataformas sociales en las que participar.

¿Tienes dudas en cuáles redes debe incursionar la marca? La respuesta es una sola: la marca debe estar en aquellas redes donde esté presente su *buyer persona* o público objetivo.

No es necesario participar en todas las redes sociales. A partir del estudio realizado al perfil de la audiencia, ya debes conocer las redes donde se reúne el cliente potencial. ¿Qué haces publicando en LinkedIn si tu público suele estar más presente en Instagram? Yo te diré qué haces: ¡perdiendo el tiempo y el dinero! ¿Qué resultados obtienes colgando videos en Vimeo cuando son pocos tus clientes que visitan esa red? ¡Absolutamente nada!

Checkpoint

Te recomiendo publicar diferentes versiones de contenido para cada red. Tienes que tener esto en cuenta porque mientras en más redes estés, mayor será la cantidad de trabajo.

Para elegir la red más conveniente hay que conocer las principales características de cada una de ellas. Ten presente esta tabla pues volveremos a ella en el siguiente capítulo para la elaboración de un plan de contenidos.

Perfil de las principales redes		
Personalidad y tono	**Ideal para:**	**Periodicidad de publicación**
Cálida, emocional y amistosa	Generar interacción	Sus contenidos tienden a viralizarse y, de ser exitosos, no son tan efímeros
La más informativa. Tono natural pero sobrio	Informar y opinar	Contenidos efímeros y vinculados con el momento. De 3 a 5 tuits diarios.
Personal y espontáneo	Donde el producto sea muy visual, que «entre por los ojos»	De 1 a 2 post diarios. Mínimo 4 historias diarias
Para todos los gustos, aunque sobresalen los naturales	Contenido multimedia enfocado a fidelizar a seguidores	El tiempo y costo de producción son exigentes, lo que reduce las posibilidades de publicación constante
Sobrio y corporativo	Construir redes profesionales	De 1 a 2 publicaciones diarias

Mide para saber si lo lograste

Un plan de social media estaría incompleto si no incluye las métricas para medir lo que funciona y lo que no. Tan importante es este punto que páginas más adelante dedico un capítulo exclusivo a la monitorización y evaluación de resultados.

Por los momentos te presento los llamados KPI (*Key Performance Indicators*), que son los indicadores para evaluar la efectividad de las acciones llevadas a cabo. Para obtenerlos existen numerosas herramientas como Google Analytics, las estadísticas que arrojan las propias redes sociales, y aplicaciones gratuitas y de pago.

Eso sí: ¡no te vuelvas loco midiéndolo todo! Podrías quedar saturado entre el océano de gráficos y estadísticas que proyectan las muchas herramientas para este fin. Así que define aquellas que serán útiles en función a los objetivos planteados.

Publica

Contenidos que seduzcan

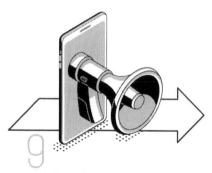

Publicación de contenidos

Atrás quedaron los tiempos cuando las empresas solo mostraban ofertas y lo maravilloso de comprar sus productos o servicios en línea. Las redes sociales hicieron explotar en pedazos esa tendencia y hoy las marcas buscan seducir, emocionar, interactuar, escuchar, y ofrecer contenido de valor. ¡Las marcas hoy quieren ser carismáticas!

Jugador estrella

@nike
Más que vender sus productos o promocionar zapatillas, la intención de Nike en las redes es emocionar, conmover y motivar.

No se vale publicar por publicar. La estrategia para alcanzar el éxito es publicar contenidos que interesen al público objetivo. Eso se logra con un plan de contenidos que defina qué publicar, para quién, para qué, cómo y cuándo.

Aunque no hay una fórmula que les sirva perfectamente a todas las marcas, los siguientes elementos deben estar presentes para triunfar en las redes:

- Optimiza el perfil

- Define el tono

- Aplica la fórmula DAS

- Carisma: humaniza la marca

- Imagen y video venden más

- Haz que te busquen: Inbound Marketing
- Aplica el *email marketing*
- Define los Pilares de contenido
- Enciende el blog
- Monta tu vitrina social
- Pon a hablar a los usuarios
- Conoce los algoritmos
- Crea un calendario editorial

Primero lo primero: optimiza el perfil

¿Te presentarías a una cita romántica con el cabello despeinado y la cremallera del pantalón abierta? ¡Sin duda la otra persona se llevará una muy mala primera impresión y lo que tengas que decirle luego quizá no suene tan seductor! Lo mismo pasa con las empresas en las RRSS: he visto marcas que todavía usan en su avatar de Twitter la imagen del huevo ¡Ni me preocupo en seguirlas!

Mostrar de entrada un perfil profesional aumenta el atractivo y genera confianza entre los seguidores potenciales. Toma en cuenta las siguientes consideraciones para causar una buena primera impresión:

- Utiliza el logotipo de la empresa como avatar.

- Nombre de la empresa como nombre de usuario.

- La bio debe explicar qué hace la compañía. Es el lugar ideal para poner un argumento de ventas, incluir *hashtags* frecuentes, palabras claves y un enlace al sitio web, sobre todo si se maneja una tienda digital.

- Para la imagen de cabecera elige una distinta del

logo de la empresa, pero debe ser corporativa y con los colores característicos de la empresa. En el caso de Facebook, un buen recurso es el uso de videos ¡Aportan mucha frescura y dinamismo!

• En el caso de Instagram, Facebook y LinkedIn, asegúrate de activar el perfil de empresa. Con esta modalidad podrás consultar estadísticas, poner un botón de contacto, la categoría del negocio, un enlace con dirección física y, ¡muy importante!, promocionar contenidos.

Checkpoint

De ser una marca personal, tanto en la bio como en la foto de tu perfil debes mostrarte fresco y espontáneo. ¡Nada de fotos carnet tipo currículum!

Herramienta sugerida

www.knowem.com

Para saber si el nombre de la empresa está disponible en las redes sociales más populares.

Define el tono

El tono es el matiz con el que se comunica la marca y quizá el elemento que más influye en cómo es percibida por la audiencia. Es la prolongación natural de su identidad y la mejor manera de diferenciarse de las empresas competidoras.

El hallazgo del tono de voz en los contenidos a publicar se da después de analizar los siguientes tres aspectos:

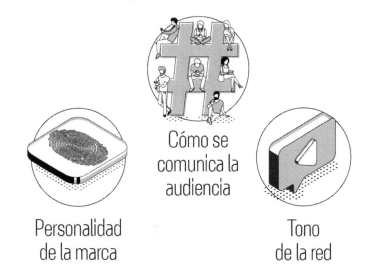

Personalidad de la marca

Cómo se comunica la audiencia

Tono de la red

Personalidad de la marca

¿Recuerdas que en el primer capítulo identificaste la personalidad de la marca? Pues esa personalidad ayudará a encontrar su tono de voz.

Hay excelentes ejemplos en que el tono utilizado en las redes es más atrevido y desafiante que el tono tradicional de la compañía. Pero hay que andarse con cuidado: algunas empresas necesitan mantener un cierto tono pues tomar un desvío radical podría hacer que el cliente no se sienta identificado.

Por ejemplo, ¡sería un terrible error que en sus contenidos una compañía funeraria haga chistes sobre un tema tan delicado como la muerte!

Checkpoint

Así como la personalidad de marca no se puede fingir, tampoco se puede fingir la manera cómo se comunica. Tarde o temprano los seguidores descubrirán la farsa. Es como la persona que pretende ser quien no es.

Cómo se comunica la audiencia

Cuanto más conozcas al público objetivo y cómo se comunica, más fácil será encontrar la forma de hablar con él. Algunas de las posibilidades del tono usado por tu comunidad son:

- Profesional
- Informativo
- Emocional
- Personal
- Honesto y directo
- Humorístico
- Desafiante
- Motivacional
- Coloquial

Checkpoint

No cometas el error de querer abarcar todos los públicos; concéntrate en tu audiencia objetivo e intenta empatizar con ella.

Tono de la red

¿Recuerdas que en el capítulo anterior te hablé sobre los tonos característicos de cada red social? El propósito es adaptar el tono de la marca a cada plataforma pero sin perder su personalidad ¡No debe parecer que la marca sufre de personalidad múltiple y en LinkedIn es seriecísima pero cuando está en Instagram echa chistes colorados!

Checkpoint

Cualquiera que sea la elección en el tono de la marca, ¡huye de las expresiones corporativas!

Aplica la fórmula DAS

Te propongo conocer los siguientes tres elementos de la que he llamado fórmula DAS:

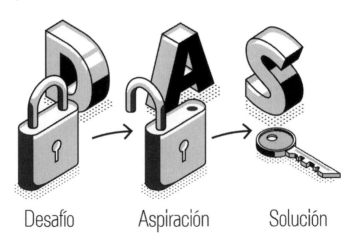

Desafío   Aspiración   Solución

Desafío

Es un desafío para la empresa presentar una solución a los problemas y las necesidades de sus consumidores, de allí la importancia de identificar los diferentes elementos y circunstancias que impactan este desafío para darle a la gente una respuesta que la satisfaga.

Aspiración

Es el deseo o la esperanza de resolver el problema. Independientemente de que compartan un mismo problema, las personas son únicas e irrepetibles, por lo que tienen diferentes anhelos de acuerdo a sus inquietudes personales y profesionales.

Solución

La respuesta es la salida al problema. Todo generador de contenidos, ya sea en un blog, *newsletter* o redes sociales, debe enfrentar el desafío de solucionar necesidades y anhelos de los seguidores.

Carisma: humaniza la marca

Las empresas que se comunican como un robot corporativo están destinadas al fracaso. Aunque la marca no sea una persona como tal, hay gente detrás de ella. Y la audiencia debe sentirlo. El propósito es generar confianza y conectar con las personas. En fin, irradiar carisma.

El carisma es la capacidad de motivar y generar admiración como consecuencia de un magnetismo personal. Pero esta conexión no se logra por el camino fácil de publicar el emoji de la carita feliz o el de la mano levantando un dedo en señal de aprobación. Antes de profundizar en las estrategias de cómo humanizar a la marca y darle carisma, establezcamos las diferencias entre cuenta personal, cuenta personal/profesional, y cuenta corporativa:

Cuenta personal

Incorpora exclusivamente los aspectos de la vida íntima y familiar (relaciones de pareja, hobbies y gustos, celebraciones, etc.). Muchos de estos perfiles bloquean el acceso público, porque consideran que es su álbum personal. ERROR. Si eres un emprendedor, si quieres hacer crecer tus redes sociales, te invito a que te olvides de tener una cuenta personal.

Enfócate en tener una cuenta personal/profesional que tenga acceso a todo público. Recordemos, las redes sociales NO son álbumes personales. Por el contrario, son una herramienta de conexión con otras personas.

Cuenta personal/profesional: marca personal

Toma en cuenta los elementos de la cuenta privada más el desempeño profesional. El emprendedor que busque cautivar a su audiencia debe mezclar ambos universos: aspectos de su vida privada que le den calidez y cercanía a su firma, con contenidos profesionales que lo conviertan en un referente dentro de su sector. Ya lo dijo el cineasta Woody Allen: «El 80 % del éxito es mostrarse».

Pasión, talento y contenido de valor son los ingredientes básicos del carisma personal.

- **Pasión:** lo que mueve y emociona a la persona.
- **Talento:** habilidad innata.
- **Contenido de valor:** publicaciones relevantes que aporten beneficios al público objetivo al que va dirigido.

Cuenta corporativa

Lo personal queda fuera y publica contenidos exclusiva-mente relacionados con el producto o servicio que ofrece la empresa. ¿Cómo darle carisma a un perfil corporativo? ¡No es imposible! Muchas empresas han demostrado que también pueden ser magnéticas.

Acá te ofrezco mis recomendaciones para que una cuenta corporativa emane un atractivo que enamore a su audiencia:

• **Humaniza la marca** poniéndole cara al equipo y compartiendo breves perfiles en las publicaciones.

• **Publica imágenes de instantes dentro de la empresa,** ya sea una reunión de trabajo o un momento divertido que pasó cuando sorprendieron con un pastel de cumpleaños a un miembro del equipo, por poner un ejemplo.

• **Cuenta historias**. La audiencia desea que la emociones, y el mejor camino para lograrlo es contándole historias que la hagan sonreír o conmoverse. Las historias son fáciles de recordar, brindan contexto a los datos, generan confianza y son el material que los usuarios comparten con mayor frecuencia.

• **¡Ten cuidado con las cifras!** A los seguidores no les importa cuánto vendió el negocio este mes, el monto de la inversión que se piensa hacer para ampliar las instalaciones y demás datos fríos que a nadie (quizá solo al dueño del negocio) emocionan.

• Siempre que se esté acorde con la personalidad de la empresa, **que los empleados y cabezas de la organización participen en los retos o desafíos** que cada cierto tiempo se viralizan en las redes.

• Aprovecha las noticias de gran impacto, ya sean

trágicas como un desastre natural, o felices, como el triunfo internacional de un equipo deportivo local, para **mostrarles a los seguidores que también puedes conmoverte** y emocionarte con ellos.

• Revela cómo se realizan **tras bastidores algunos procesos de la empresa** o muéstrales sus instalaciones.

• Publica **contenidos motivacionales que inspiren** a la audiencia.

Checkpoint

Una manera eficaz de humanizar la marca y hacerla carismática es usar palabras como «nosotros» o «nuestros», comunicándote desde una perspectiva de persona en lugar de empresa. Los videos que comienzan con la palabra «tú» generan más cercanía y obtienen mayor número de interacciones.

Jugador estrella

@macdonalds
La hamburguesería de los arcos dorados es una de las marcas en red más carismáticas y con sentido humano.

Una imagen vende más

La manera con que presentes los contenidos harán que estos salten a la vista o, por el contrario, pasen por debajo de la mesa. Estaría de más entrar en detalles sobre los formatos básicos (texto, imágenes, infografías, vídeos, animaciones y gifs), pero ten en cuenta siempre que las imágenes y los videos cautivan más en un medio tan visual como lo son las redes sociales: según un estudio de la web Postcron.com.es, el 90 % de lo que la gente recuerda se basa en detonantes visuales ya que el cerebro procesa 60 000 veces más rápido las imágenes que los textos.

El seguidor de una cuenta de un restaurante quizá muestre rechazo o indiferencia si cada post que lee está lleno de frases como «¡Te esperamos!», o «¡Saborea nuestros apetitosos platillos!». En su lugar, una fotografía que exhiba las suculentas preparaciones de ese restaurante le hará agua la boca y lo impulsará a visitar el local.

Checkpoint

Nunca presentes el producto tal cual viene en la caja o empaque, sino de la manera en que lo disfrutan sus consumidores.

Para explotar el efecto de las imágenes te sugiero las siguientes recomendaciones:

• Identifica qué tipo de imágenes comparte más la audiencia y explota ese estilo.

• Busca que las imágenes mantengan una coherencia gráfica, ya sean los mismos filtros, la perspectiva, los colores predominantes, la iluminación o el enfoque. Esto es especialmente importante para que el *feed* de Instagram no se vea caótico.

• Si tomas las fotos con un *smartphone*, asegúrate de que la cámara tenga mínimo 5 megapíxeles para lograr una buena resolución.

• Trata de no publicar muchas fotos que combinen imagen y texto. Para aligerar el trabajo, haz plantillas que mantengan la línea gráfica.

Herramientas sugeridas

Canva

Plantillas para diseñar atractivos post de textos o imágenes de manera profesional y en pocos minutos.

Legend

Permite hacer animaciones de palabras y frases con una duración de 6 segundos, para exportarlas como GIF o vídeo.

Inshot

Aplicación de edición de fotografía y vídeo para mejorar el acabado de vídeos a publicar en Instagram.

Jugador estrella

@GoPro

GoPro, empresa que fabrica insumos para fotografía, no publica en Instagram sus modelos de cámaras o lentes. Esta marca tomó un camino más original: publicar imágenes que muestran a los usuarios viviendo experiencias capturadas con sus productos.

Haz que te busquen: Inbound marketing

No cometas el error de publicar ofertas y promover productos y servicios como única estrategia. A la larga podrías ser considerado como *spam* que solo busca que su audiencia se lleve la mano al bolsillo.

Nunca me canso de repetir que no debes tratar a tus seguidores como si fueran clientes o consumidores. Trátalos como lo que son: personas, seres humanos que buscan informarse, entretenerse, conmoverse, y emocionarse.

Para evitar convertirse en una desagradable marca que pareciera querer vender todo el tiempo, recurre a las estrategias que ofrece el Inbound Marketing.

A diferencia del marketing tradicional en el que las empresas invertían su presupuesto en avisos, banners y demás acciones publicitarias convencionales, el Inbound Marketing es una serie de técnicas no invasivas que procura captar clientes ofreciéndoles contenidos de valor para que sea la propia audiencia quien recurra a la organización porque sabe que allí podrá satisfacer determinada necesidad.

Checkpoint

El fin de las marcas con fines de lucro es aumentar su rentabilidad, pero hay que hacerlo de manera sutil. Acá entran en juego las estrategias de Inbound Marketing: crea contenido relevante para que sea la audiencia la que busque a la empresa y no al revés.

¿Cómo una marca puede empezar a aplicar el Inbound Marketing? Hay que conocer primero qué es el embudo de ventas o también llamado embudo de conversión.

Denominado en inglés *Funnel Comercial*, el embudo de ventas son las fases que recorre la persona desde que accede por primera vez a las redes sociales o al sitio web de la empresa, hasta convertirse en un cliente fidelizado.

Este embudo está formado por cuatro etapas en las que se debe ofrecer al usuario un tipo de contenido específico según la fase en la que este se encuentre:

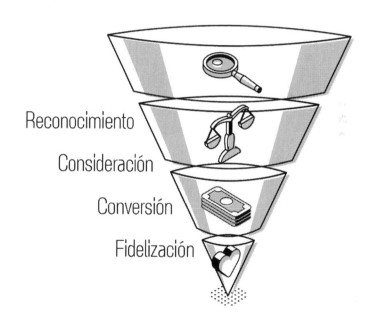

Reconocimiento

Consideración

Conversión

Fidelización

Contenido según Embudo de Ventas		
Etapa de la audiencia	**¿Qué busca la audiencia?**	**¿Qué contenido ofrecerle?**
1) Reconocimiento	El seguidor tiene una necesidad y busca cómo satisfacerla.	Contenidos que capten la atención porque responden a la necesidad del cliente. En esta etapa del cliente, la marca no habla específicamente de su producto o servicio, sino que ofrece contenido de valor que oriente al consumidor a resolver su necesidad.
2) Consideración	La audiencia estudia las diferentes opciones específicas que brinda el mercado para satisfacer su necesidad.	La marca comienza a revelar datos sobre producto o servicio, tales como precios, propuesta de valor, tipos de envío, ofertas de temporada, etc.

3) Conversión	La persona se decide por los productos o servicios de determinada marca y emprende los pasos para adquirirlos.	Llamadas de acción más directas que lleven al seguidor a convertirse en cliente y cerrar la compra.
4) Fidelización	Requiere un proceso de postventa y atención al cliente para convertirlo en un consumidor habitual.	Velar por la satisfacción del cliente despejando dudas sobre los usos del producto o servicio. También se ofrecen ofertas de clientes frecuentes y se motiva a recomendar la marca.

Además de los contenidos específicos para cada etapa del embudo de ventas, también se realizan acciones de marketing en las que colaboran las redes sociales y la web de la empresa. Ilustremos en el siguiente ejemplo un proceso básico de Inbound Marketing:

1. Reconocimiento: llevar seguidores a la web

Recordemos que el seguidor tiene una necesidad. Bríndale respuestas a esa necesidad ofreciéndole artículos útiles en el blog, tutoriales, recomendaciones, recursos descargables como webinar, *ebooks*, plantillas y pruebas gratuitas.

Un beneficio adicional de estos materiales es que son más compartidos en las redes que las promociones y ofertas de productos o servicios.

2. Consideración:

Para que el usuario pueda acceder a estos infoproductos debe dar sus datos de contacto como nombre, país, correo electrónico, teléfono, empresa en la que trabaja, entre otros. Para tomar esos datos se recurre a formularios de suscripción ubicados en la web, así como páginas de aterrizaje o *landing pages*.

¿Qué es una *landing page*? Es una página web dependiente del site principal y diseñada especialmente para convertir visitantes en clientes potenciales o leads.

Esta *landing page* generalmente la elabora el responsable de la programación y el diseño de la web, o un profesional *freelancer*. También hay muchas herramientas tanto gratuitas como de pago fáciles de manejar.

Herramientas sugeridas

www.hellobar.com

Plugin de WordPress que puedes instalar en tu sitio o blog para solicitarle al visitante su información de contacto.

launchrock **www.launchrock.com**

Creador de *landing pages* gratuito ideal para emprendedores principiantes. Una interfaz de fácil navegación y diseño responsivo.

3. Consideración y conversión

Con los datos recopilados a través de los formularios y *landing pages* la empresa alimenta su base de datos de seguidores y clientes potenciales. Seguidamente, toma acciones de marketing para conducir a ese cliente potencial a cerrar la compra.

El *email marketing* es una de las estrategias más efectivas para lograr ese objetivo. En el siguiente módulo te explico con detalle cómo desarrollar este paso.

Aplica el email marketing

Ofrecer productos y servicios de manera persuasiva, fidelizar clientes y generar tráfico a la web son los principales beneficios que ofrece el *email marketing*. Esta práctica tiene dos principales orientaciones que debes saber diferenciar: el *mailing* y el *newsletter*.

Mailing

Es el tradicional envío de contenido publicitario y ofertas a un público que no ha pedido esa información, aunque podría estar interesado en ella por ser parte del público objetivo. Pero mucho cuidado: con esta opción se corre el riesgo de ser calificado de *spam*.

Newsletter

Es una publicación digital informativa que se envía a través del correo electrónico cada cierto tiempo. Quienes reciben este tipo de comunicaciones es porque lo han solicitado dando sus datos en una planilla de registro o en una *landing page*.

Alguien suscrito a una lista de correo está más cerca de convertirse en cliente que un seguidor en las redes sociales ¿Por qué? Porque ha ofrecido datos personales a cambio de recibir contenido de la marca en su correo electrónico. Los pasos básicos para implementar el *mailing* o el *newsletter* son:

2 Captación

3 Elaboración y envío

1 Elección de herramienta

4 Análisis de resultados

1. Elección de la herramienta

Lo primero es elegir una herramienta con las prestaciones esenciales para realizar *email marketing*, desde captar suscriptores, administrar la base de datos, hasta gestionar y analizar el envío de los correos.

Herramientas sugeridas

www.mailchimp.com

Para gestionar la base de datos, su versión gratuita también permite hacer campañas de *email marketing* con hasta 2 000 direcciones de correo y hasta 12 000 envíos al mes. Suministra plantillas personalizadas para captar suscriptores en Facebook y en páginas hechas en Wordpress.

www.sumo.com

Permite añadir un atractivo formulario que aparecerá en la sección lateral del blog con el fin de conseguir suscriptores para la base de datos.

2. Captación de suscriptores

Para sumar suscriptores a la base de datos la táctica más efectiva es diseñar un formulario de suscripción que ofrezca contenidos de valor como gancho, tales como *ebooks*, webinars, videos, cursos descargables y algunos más de los ya mencionados en líneas anteriores.

Checkpoint

Utiliza la herramienta de autoresponder una vez que la persona se suscriba a la lista de correo. Esto es muy útil para dar la bienvenida y describir los beneficios de haberse suscrito.

3. Elaboración y envío

Cuando tengas cierto número de suscriptores en la base de datos, establece un calendario, bien sea quincenal, mensual o bimensual, para enviar *mailing* con campañas comerciales con ofertas, cupones, concursos o sorteos; o *newsletter* con notificaciones de nuevos recursos descargables en la web, los artículos recientes publicados en el blog, noticias vinculadas al sector o participaciones de la marca en eventos.

Cualquier que sea el caso, sigue las siguientes recomendaciones:

• Utiliza un título de correo breve y atractivo. Los más efectivos son los que prometen la solución a una duda o problema, como «¿Cómo maquillarse para una boda?».

• A la gente no le gusta leer mucho y le espantan los textos muy largos. Así que sé conciso en el *mailing* o *newsletter*.

• Agrega botones de llamadas a la acción.

• Incluye imágenes atractivas. El destinatario da clic más sobre ellas que sobre los textos con enlace.

• No envíes *email marketing* todos los días o serás calificado de *spam*.

• Agrega los enlaces a las redes sociales y elementos emblemáticos de la imagen corporativa.

• En el caso de los *newsletter* evade el tono comercial. Para eso está el *mailing*.

• Recuerda poner al final la opción de poder desincorporarse de la lista de correo.

4. Medición de la efectividad

La herramienta que elijas debe recopilar información estratégica como las visualizaciones de los correos abiertos, clics en los enlaces y demás analíticas a estudiar para mejorar la efectividad de los futuros envíos.

Define los pilares de contenido

Los llamados Pilares de contenido son una estrategia que va de la mano del Inbound Marketing. Busca variar los contenidos para no aburrir a la audiencia y evitar parecer que la empresa está vendiendo en todo momento.

Estos pilares son las líneas maestras sobre las que se levantan los contenidos. Se suelen dividir según la intención que se busca, ya sea dar información útil, ofrecer herramientas, entretener y, por supuesto, promocionar y vender.

Pero ten en cuenta que las diferentes intenciones no son excluyentes: un post que busque vender también puede entretener u ofrecer información útil. En el siguiente gráfico te presento una posibilidad con porcentajes que puedes ajustar a los objetivos de la marca:

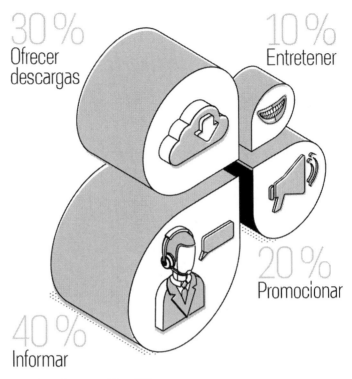

30 %
Ofrecer
descargas

10 %
Entretener

20 %
Promocionar

40 %
Informar

40 % Información útil

- Recomendaciones útiles para el usuario.
- Noticias relacionadas con el sector donde se mueve la empresa.
- Manualidades, recetas, ideas, consejos.
- Identifica preguntas frecuentes de los usuarios y resuélvelas utilizando el producto o servicio.
- Contenidos motivacionales que inspiren.
- Tutoriales tipo «Cómo hacer...».

30 % Recursos descargables

- Aplicaciones y herramientas.

- Plantillas.

- Webinar.

- *Ebook*.

20 % Promocionar productos o servicios

- Ofertas y cupones.

- Descuentos de temporada.

- Concursos.

- *Making off* o descripción de procesos tras cámaras.

- Casos de éxito y testimonios de clientes.

- Un plano de cómo llegar a la ubicación física del establecimiento comercial.

- Una infografía que explique cómo se usa un producto o servicio.

10 % Entretener

- Listas o rankings.

- Comparación entre dos objetos, circunstancias o elementos, tales como imágenes Antes y Después. Pero atención: con los Antes y Después debes tener cuidado al pagar promoción en Instagram o Facebook porque pueden ser catalogados como discriminatorios o abusivos, como cuando se hace el Antes y Después de una persona que bajó de peso.

- Memes y gifs divertidos relacionados con el sector de la empresa.

- Una encuesta o sobre la actuación de un personaje del momento, siempre y cuando esté relacionado con el área donde se mueve la empresa.

- Trivias.

Checkpoint

¿Por qué incluyo Entretenimiento dentro los pilares de contenido? Muchos usuarios utilizan las redes para distraerse y pasar un buen momento ¡Súmate a esa jugada y dales un poco de diversión! En todo caso, la idea no es ofrecer todas las opciones sugeridas, sino aquellas que impulsen los objetivos de la marca.

Jugador estrella

@Chobani
La marca de yogurt Chobani varia sus contenidos con estupendos pilares de contenidos: ofrece contenido de valor compartiendo recetas que pueden prepararse con su producto, tutoriales de salud y consejos *fitness* que subrayan lo saludable que es el producto.

Enciende el blog

Publicar información de valor en un blog corporativo ofrece enormes beneficios: además de generar confianza, el contenido de valor es el anzuelo que los internautas muerden por voluntad propia para responder sus dudas. Esa es la esencia del marketing de contenido y la mejor estrategia para posicionar una web en los motores de búsqueda.

A veces el *community manager* tiene que manejar el blog corporativo de la empresa, y sé de muchos emprendedores que asumen esta responsabilidad. Sea uno u otro tu caso, toma en cuenta las siguientes indicaciones:

• **Alinea los temas de los artículos con los intereses del público** objetivo: la meta de un blog corporativo no es que todo el mundo lo visite, sino aquellas personas con más probabilidades de convertirse en clientes.

• Organiza un **cronograma de publicación** para que no esté desactualizado. Así evitarás que los visitantes no pierdan el interés al toparse con las mismas «noticias viejas».

• Debe contener un **formulario de suscripción para informar sobre las actualizaciones**. Este es uno de los primeros pasos a dar en el proceso de *email marketing*.

• Pon **títulos llamativos** y que prometan resolver un problema.

• Ofrece **diversidad de formatos**, desde textos, vídeos e infografías, hasta podcasts y material interactivo.

• Brinda al pie de los artículos la posibilidad de **compartir en las redes**. Si es un contenido de utilidad, los lectores serán los primeros promotores de esa información.

• En caso de ser un emprendedor con fallas de ortografía y redacción, destina parte del presupuesto para **pagarle a un corrector** que revise los textos antes de ser publicados y evitar deteriorar la imagen de la marca con contenidos llenos de errores.

• **Cura contenidos**. Aunque el contenido propio es el protagonista de las publicaciones, una posibilidad es tratar contenidos provenientes de otras fuentes, ya sean artículos de prensa, investigaciones o blogs de terceros. Pero no te confundas: curar contenidos no es copiar y pegar (¡eso es plagio!), sino reinventar ese contenido desde la perspectiva de la marca.

• Al final del artículo **pon un llamado de acción**. Podría ser una pregunta para que los lectores expongan sus opiniones sobre el tema. Este llamado de acción los motivará a participar en el área de comentarios.

Monta tu vitrina social

Ahora sí, ¡a vender sin complejos! El *social commerce* o vitrinas de productos en redes sociales permiten promocionar directamente tu oferta comercial. Ofrecer espacios especialmente pensados para exhibir productos y servicios es una tendencia en crecimiento, y ya hay dos opciones que arrasan en esta modalidad:

Tienda en Facebook

Es una estupenda alternativa para comerciantes y minoristas, además de ser ¡totalmente gratuita! (al menos por ahora) ni tener un límite de productos a mostrar. También brinda estadísticas sobre visualizaciones y mensajes recibidos por cada producto. Por los momentos ofrece dos posibilidades:

Pagar en sitio web

Al darle clic a un producto envía a la persona a la web para que continúe con el proceso de compra.

Mensaje para comprar

Permite que los usuarios envíen un mensaje solicitando más información sobre los productos o servicios ofertados.

Checkpoint

Para habilitar la Tienda en Facebook, visita en la página inicial de tu fan page o el Administrador comercial, cliquea la pestaña Configuración ubicada en la esquina superior derecha, ve a la sección Editar página, busca la pestaña Tienda y sigue el proceso que se te indica.

Instagram Shopping

Esta opción permite incorporar etiquetas con precios y enlaces tanto en las imágenes como en las *stories* de las cuentas comerciales, para seguidamente redirigir al visitante a la web o la tienda *online*.

Disponible solo en algunos países, con esta alternativa se pueden etiquetar hasta cinco productos en una misma imagen o veinte si el formato es carrusel. A partir de nueve publicaciones de este tipo se puede poner la pestaña Comprar.

Para activar esta función hay que tener una cuenta comercial asociada a un catálogo en Facebook, tal como te lo expliqué en los párrafos anteriores.

Checkpoint

A diferencia del *ecommerce* tradicional, en el *social commerce* es imprescindible interactuar con el público interesado y responder a sus preguntas para establecer una comunicación que estimule la decisión de compra.

Pon a hablar a los usuarios

Una excelente estrategia para aumentar la conexión con los seguidores es prestarle tu espacio en las redes ¡Haz que ellos hablen! Permite que se expresen mediante los contenidos denominados User Generated Content.

Además de ser muy virales y a un costo de producción casi nulo, estos contenidos creados por los propios usuarios son una eficaz maniobra de venta: según un estudio realizado por la consultora PwC, el 44 % de los seguidores decide comprar un producto o contratar un servicio porque otros consumidores lo recomendaron

¿Por qué? Los contenidos creados por los usuarios generan más confianza y son percibidos como más sinceros que aquellos producidos por las propias marcas. Varios son los caminos para promover esta tendencia entre los seguidores:

• **Republica aquellos comentarios, videos, fotos o testimonios sobre el producto** o servicio colgados por los usuarios en sus propias cuentas. Sentir que son tomados en cuenta aumenta el interés de otros seguidores por hablar de la marca.

• **Invita a los seguidores** a publicar una foto o un breve video usando el producto. Promueve la participación premiando la propuesta más original o divertida.

• Pide a los usuarios que **compartan en sus perfiles consejos propios** relacionados con el producto o servicio.

• Crea *hashtags* que concentren los contenidos que los seguidores publican sobre la marca.

Checkpoint

Muchos *community manager* piensan que participar en las redes es una relación de una sola dirección donde la compañía solo publica sin escuchar y responder a sus seguidores. ¡Tremendo error! Hay que participar, conversar, formar parte activa de la comunidad, estimularla a opinar y a interactuar con ella.

Jugador estrella

@Starbucks

A todos nos encanta tomarnos fotos con un café. Starbucks explota esta tendencia en su perfil en Instagram republicando las fotos tomadas por los usuarios con el producto. Se sabe que en ocasiones los empleados escriben intencionalmente mal en los envases el nombre de los clientes para que estos publiquen en sus redes la imagen del «error».

Conoce los algoritmos

Es importante conocer las reglas de juego de cada una de las redes y cómo afectan el alcance de las publicaciones. Sin entrar en detalles técnicos que no vienen al caso, los algoritmos de las redes son las normas de programación que harán que una publicación se muestre mucho o poco, a quiénes y cuándo.

Acá las mejores prácticas para dominar los algoritmos de las principales redes:

• Romper por desconocimiento los términos y condiciones que establece una red al momento de abrir el perfil puede llevar a que la propia plataforma cierre la cuenta. Facebook, por ejemplo, penaliza aquellas marcas corporativas que abren perfiles como cuentas personales y no como empresas.

• Dale más importancia a la calidad que a la cantidad: es preferible un post diario o dos con gran impacto, que docena y media que pasen por debajo de la mesa.

• Al contenido incrustado se le da prioridad por sobre los enlaces externos. También, los videos de YouTube no se reproducen automáticamente dentro de Facebook, lo que sí ocurre con los vídeos propios de esta plataforma. Esta autorreproducción automática incrementa el alcance. Eso sí: trata de que no superen los 30 segundos.

• Cubre eventos y ofrece webinars breves con Facebook Live.

• Interactúa mucho con los usuarios.

• Promociona los contenidos mediante modalidades de pago. Pero así como Facebook privilegia el contenido pagado, penaliza con menos exposición aquellos contenidos no promocionados donde aparecen las palabras «descuento» y «gratis».

Herramienta sugerida

https://bitly.com

Acortador de URLS para ahorrar caracteres. También monitoriza los clics a los enlaces, estupendo para extraer métricas de esos clics.

• Interactúa con tus seguidores durante la primera hora luego de publicar.

• Personaliza los comentarios que realices en otras cuentas.

• Si utilizas una aplicación de terceros para publicar, verifica que esté autorizada y así evitar ser penalizado. Para saber esto, haz clic en el menú de cerrar sesión y selecciona «Aplicaciones autorizadas».

• No edites el texto de tu imagen durante la primera hora de publicación.

• No sigas, dejes de seguir, des Me gusta ni comentes a más de 60 personas en una misma hora.

• Usa todas las funcionalidades que ofrece la plataforma, especialmente Instagram Stories.

• No incluyas más de 5 *hashtags* en una misma publicación, ni uses los mismos de forma continua.

Herramienta sugerida

www.later.com

No publica directamente en IG, sino que agenda el post y da un aviso a la hora señalada para publicar desde la propia aplicación de Instagram.

• Involúcrate activamente con las respuestas a los tuits y menciones a la cuenta. Eso sí: no te excedas dando retuits a comentarios positivos sobre la marca.

• Como casi todas las redes, Twitter exhibe más las publicaciones de los usuarios que se conectan constantemente a la plataforma.

• Sé breve. Pero si debes extenderte en lo que vas a decir, abre un hilo en vez de publicar varios tuits sobre el mismo tema.

Checkpoint

Comprar seguidores, comentarios, Me gusta y vistas de video no tiene sentido. Además de ser prácticas penalizadas por las redes, ¿para qué malgastar dinero comprando *bots* que en ningún momento interactuarán y ¡jamás! se convertirán en clientes?

Herramienta sugerida

www.twtpoll.com

Excelente herramienta para hacer encuestas en Twitter y diversificar contenidos.

• YouTube le da mayor importancia a los minutos reproducidos que al número de reproducciones, procura que los espectadores vean el video hasta el final. Una manera de lograrlo es anunciando al principio que compartirás información especial en los últimos segundos.

• Utiliza listas de reproducción. Son ideales para aumentar el consumo de contenido. En vez de crear listas de reproducción variadas, agrupa videos dirigidos a la misma audiencia con intereses parecidos.

• Que no te tiemble el pulso al momento de borrar los videos con pocas vistas. Los videos con bajo rendimiento hacen bajar el ranking de todo el canal.

• Publica regularmente para ser considerada una cuenta relevante.

• Elige palabras clave y ponlas en el nombre de los archivos de los videos, los títulos, descripciones, etiquetas, anotaciones y listas de reproducción.

• Añade pantallas finales o tarjetas para promocionar contenido.

• Transmite videos en directo.

Checkpoint

No te olvides del artículo luego de publicado: actualízalo con la información reciente que vaya apareciendo para que no pierda vigencia con el paso del tiempo. Esa es la esencia del llamado contenido *evergreen*, es decir, *siempre verde*.

Herramientas sugeridas

Google Analytics

https://analytics.google.com

Herramienta de medición por excelencia para conocer las estadísticas de visitas a tu web, palabras de búsqueda, medir el resultado de las acciones y más.

WORDPRESS

www.es.wordpress.com

Numerosas prestaciones para la creación y administración de la página web y su blog corporativo.

www.feedly.com

Ideal para curar contenido al buscar, filtrar y ordenar por categorías las publicaciones de los blogs que seguimos.

www.ahrefs.com

Para conocer el contenido más viral o más compartido basta introducir el dominio y seleccionar Mejor contenido en la sección Páginas.

Crea un calendario editorial

Una vez que tengas claro cómo abordar tus contenidos, define un calendario editorial con el propósito de organizar las publicaciones y, lo más importante, publicar cuando la comunidad de seguidores esté más activa.

Además de acostumbrar a los seguidores a que busquen un tipo de contenido en un día y hora determinados de la semana, también podrás establecer con antelación contenidos de temporada tales como Halloween o Navidad. En un mismo documento pon las siguientes categorías:

Intención

Siempre alineado con tu propósito del Social Media Plan, la intención de cada contenido a publicar debe responder a los Pilares de contenido que elegiste para la marca (promocionar, ofrecer información útil o entretener).

Día y hora de publicación

El mejor momento para publicar es cuando la comunidad de seguidores esté más activa. A grandes rasgos, **los días recomendados son los lunes y jueves a las 9:00 a. m, 1:00 p. m. y 5:00 p. m**. Ya luego, con el análisis de las métricas, podrás identificar aquellos días y horas en que las publicaciones tengan mejores resultados y postear de acuerdo a ese comportamiento.

Formato

Recuerda las posibilidades de formatos de las que te hablé en el módulo Pilares de contenido, así como el impacto de las imágenes.

Red social donde se publicará

Repetir exactamente el mismo contenido en cada canal es uno de los peores hábitos. Por el contrario, ajusta tus contenidos al tono y características de cada red.

Checkpoint

No dejes pasar mucho tiempo sin publicar para luego compensar la larga ausencia con una tormenta de mensajes el mismo día.

Herramienta sugerida

 **www.hootsuite.com**

La más conocida plataforma de gestión creada para interactuar, escuchar, analizar y programar publicaciones.

Para organizar este calendario editorial te planteo el siguiente esquema. ¡Que no te asusten las muchas cuadrículas! La finalidad no es poner específicamente post por post cada contenido a publicar, sino los elementos que se repetirán semana tras semana para saber qué toca cada día.

Para orientarte, en el ejemplo siguiente rellené el día lunes para que tengas una idea de cómo resolver el resto:

Calendario editorial

	Intención	Hora	Formato	Red
Lunes	Promover	9:30 am	Sorteo / oferta	Instagram/ Twitter
	Informar	12:30 pm	Texto con imagen consejo útil	Instagram
	Entretener	5:30 pm	Trivia sobre personaje	Facebook
Martes				
Miércoles				
Jueves				
Viernes				
Sábado				
Domingo				

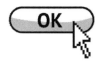

¡Descárgalo!

En mi web **antoniotorrealba.com** podrás descargar una plantilla en blanco para realizar tu propio calendario editorial.

El perfil comercial debe dar la impresión de que se mueve al calor del momento, por lo que el cronograma editorial ha de estar abierto a modificaciones e imprevistos como las noticias de impacto que sean de interés de los seguidores de la cuenta.

Por ejemplo, la audiencia reconocerá el esfuerzo si un restaurante lamenta la desaparición física de un reconocido chef, o cuando una marca de cosméticos felicita el triunfo obtenido por una concursante local en un certamen de belleza internacional.

Promociona

Difunde tu oferta

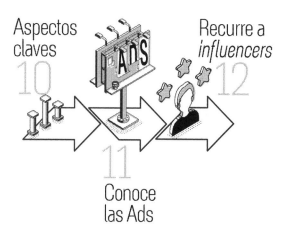

Aspectos
claves
10

Recurre a
influencers
12

11
Conoce
las Ads

Publicar contenido relevante es la estrategia principal para sumar seguidores orgánicos y convertirlos en clientes. Pero no es la única alternativa: los medios de pago son muy efectivos para que el público potencial descubra la marca y, al final del camino, se convierta en su consumidor.

De poco sirve tener contenidos maravillosos si no aprovechas todas las vías para aumentar su difusión. De allí que la publicidad en redes sociales o Social Ads es extraordinaria para alcanzar los objetivos de negocio.

Pero no te engañes: las campañas no son hadas madrinas que cumplen un deseo con solo pedirlo. Su efectividad depende de la estrategia de negocio que se siga y cómo se aplica en el universo digital. Tampoco es cuestión de ponerse a publicar anuncios porque están de moda o porque viste uno que te pareció muy bonito y quieres algo similar para la marca que manejas.

Social Media Marketing

Así como en el capítulo anterior hablamos de la necesidad de trazar un Plan de Contenidos para organizar y potenciar las publicaciones, también las campañas de Social Ads deben responder a una estrategia llamada Social Media Marketing.

La complejidad del Social Media Marketing dependerá de cuán ambiciosos sean los objetivos de la marca. No obstante, toda estrategia de promoción responde a 5 aspectos claves:

2 Segmentar

1 Fijar objetivo

3 Presupuestar

4 Definir contenido y formato

5 Medir

1. Fijar objetivo

Los objetivos de las campañas en las Social Ads deben estar alineados con los objetivos generales que busca la empresa en las redes sociales. Sin un propósito claro estarás malgastando el dinero y nunca retornará la inversión. Estos objetivos pueden ser:

Reconocimiento

• Lograr mayor alcance

Consideración

• Tráfico

• Descargas de app

- Reproducciones de video
- Generación de clientes potenciales
- Interacción con una publicación
- Me gusta de la página
- Asistencia a eventos
- Mensajes

Conversión

- Conversión de audiencia a cliente
- Ventas del catálogo
- Visitas en el negocio físico o tienda *online*

Checkpoint

No intentes abarcar todos estos objetivos en una misma campaña: si tienes varios objetivos, crea una campaña específica para cada uno de ellos. Por ejemplo, si quieres generar más tráfico a tu página web pero también aumentar la descarga de una aplicación, diseña dos campañas diferentes. Así no perderás el foco y cada campaña será más efectiva.

2. Segmentar

Es definir el público al que irá destinada la promoción. Sin una buena segmentación, la campaña será un fracaso, por muy hermosa que haya quedado. Además de las tradicionales categorías por edad, sexo y ubicación geográfica, también se puede segmentar por intereses y comportamientos de la audiencia, patrones de compra, e incluso por operadoras o dispositivos que utilice el usuario.

También hay opciones para agregar audiencias personalizadas subiendo una lista de correos electrónicos o instalando códigos en el sitio web (páginas más adelante te explico cómo realizar estas acciones denominadas *remarketing* o *retargeting*).

En fin, existen tantas posibilidades de segmentación que a veces es difícil decidir cuáles utilizar. Pero no temas: hay una regla de oro a seguir al momento de segmentar al público al que dirigirás las promociones: estudiar bien el *buyer persona* para elegir los criterios de segmentación que respondan a ese perfil.

3. Presupuestar

Una vez que tengas claro el objetivo de la promoción, fija el presupuesto para alcanzarlo. Esta decisión depende de la llamada puja.

Este es un término con el que te encontrarás mucho cuando promocionas en las redes sociales. Es la manera en que la plataforma te cobrará el anuncio a partir de la acción que realiza el usuario ante el aviso.

Las posibilidades más comunes de puja son:

Coste por Clic (CPC)

Se paga por cada clic que se da al enlace promocionado.

Coste por Acción (CPA)

Se paga cuando el usuario realiza una acción específica dentro del aviso, como podría ser enviar la dirección de correo electrónico. Esta opción da un estupendo retorno de la inversión pues se paga por resultados obtenidos.

Coste por Mil (CPM)

Se paga cuando el anuncio alcanza las mil vistas o visualizaciones.

Coste por Visualización (CPV)

Se paga cada vez que el aviso es visto. Al igual que el Coste por mil, esta modalidad es excelente para reforzar la imagen de la marca.

CPV:
Coste por una visualización

CPC:
Coste por darle clic al aviso

CPM:
Coste por mil visualizaciones

CPA:
Coste por acción dentro del aviso

Checkpoint

Una de las primeras decisiones presupuestarias es fijar en la plataforma el monto máximo que estás dispuesto a invertir. Esto hará que la campaña se detenga automáticamente una vez que sea alcanzado ese monto.

4. Definir contenido y formato

El contenido es qué es lo que vas a decir, mientras el formato es la manera en que lo dirás, ya sea texto e imágenes, encuestas, elementos interactivos o formularios. Como el contenido promocional es una publicación que la gente no ha solicitado, debes ser directo y destacar cómo le resolverás un problema.

Checkpoint

Muchos cometen el error de enfocar sus promociones en el producto o servicio. Por el contrario, concéntrate en las necesidades del cliente y cómo el producto o servicio servirá para satisfacerlas.

En cuanto al formato, la idea no es que el aviso te quede simplemente «bonito». Debe ser intencional, es decir, todo el diseño debe llevar a que el usuario tome la acción que a ti te interesa que tome. Aunque no hay una fórmula mágica para crear un aviso efectivo, ten en cuenta los siguientes aspectos:

• Un **título atractivo** y que no supere los 25 caracteres.

• Una **descripción que destaque la necesidad** que le resolverás a la audiencia.

• En caso de combinar texto e imagen, q**ue el texto no supere el 20 % del espacio** total.

• Una **llamada a la acción que cierre el objetivo** del anuncio.

• Antes de publicar, asegúrate de **que todo esté bien revisando la vista previa** que ofrece cada plataforma.

Checkpoint

Intenta varios estilos de anuncios hasta que des con la propuesta ideal. Te sugiero recurrir a la estrategia de prueba A/B ¿En qué consiste? En crear dos anuncios iguales en todo excepto por el elemento a probar, ya sea el color, la imagen destacada, la descripción o la llamada de acción. Lanza las dos opciones al mismo tiempo para el 20 % de tu audiencia. Luego mide los resultados obtenidos por ambos y el que resulte más efectivo destínalo al 80 % restante del público objetivo.

5. Medir

Cada red social ofrece métricas para saber si la promoción dio los frutos esperados o no. Tan importante es este aspecto que el próximo capítulo está dedicado especialmente a ese punto.

Por los momentos, te adelanto que debes empezar a familiarizarte con los llamados KPI, siglas en inglés de Key Performance Indicator y cuyo significado es Indicador Clave de Desempeño o Medidor de desempeño.

Los KPI son las métricas que revelan la eficacia de las acciones de marketing realizadas, es decir, si has logrado o no tus metas. Los KPI te indican si seguir con la misma estrategia o, en caso de resultados negativos, reconducir el rumbo.

Conoce las Ads

¡Llevaría más de mil páginas explicar paso a paso cómo publicar los muchos formatos de publicidad de cada red social! Tampoco este libro busca ser un manual técnico que te vaya diciendo clic por clic qué hacer.

Para mí es más relevante presentarte acá los beneficios que ofrece cada una de las Ads para que tomes las mejores decisiones.

Sin embargo, te explico el primer paso técnico a dar y ya luego toma el rumbo que te indique cada plataforma: ellas son muy intuitivas y les hacen las cosas fáciles a los usuarios para no dejar pasar las montañas de dinero que obtienen por promoción.

Facebook Ads

La plataforma publicitaria de Mark Zuckerberg es uno de los soportes publicitarios *online* más utilizados por su eficacia y numerosas herramientas. ¡Todo el mundo está en Facebook!

Por compartir con Instagram una misma solución publicitaria, es muy fácil organizar campañas conjuntas entre ambas redes.

Primer paso

Si es la primera vez que lanzas una campaña, Facebook Ads te pedirá crear una cuenta publicitaria. Desde el menú superior accede a la sección «Configuración de la cuenta publicitaria» para elegir las opciones que más te convengan (país, moneda, zona horaria, método de pago, etc).

Luego accede al perfil de Facebook desde la página en la que crearás las campañas y haz clic en la opción «Crear anuncio» que aparece en la barra ubicada en la parte izquierda. Facebook ofrece dos tipos de editor de anuncios:

Ads Manager

Muy fácil de usar e ideal para empresas pequeñas que tienen poco presupuesto y solo quieren insertar unos pocos anuncios.

Power Editor

Un poco más difícil de usar, es una herramienta para empresas que necesitan tener un control más detallado sobre sus campañas.

Checkpoint

Uno de los principales atractivos de esta plataforma son sus muchos recursos para segmentar a la audiencia, desde criterios básicos como edad, sexo o ciudad, hasta intereses como las aplicaciones y juegos más utilizados, las páginas o *Fan Pages* a las que los usuarios han dado Me Gusta, grupos de los que forman parte y más.

Retargeting en Facebook

Facebook Ads permite dirigir los anuncios a una audiencia que ya ha mostrado interés por la marca. Es lo que se conoce como *social retargeting*, una técnica de marketing que busca convertir en cliente a la persona que mostró un interés inicial por la marca, ya sea visitando la web o suscribiéndose a un boletín de noticias.

Por ejemplo, si un visitante de tu tienda *online* añadió un producto al carrito pero no llegó a comprar, a través de Facebook puedes enviarle un anuncio que le muestre ese producto u otro similar para alentarlo a que termine el proceso de compra.

El *retargeting* en Facebook es muy fácil de aplicar. ¿Cómo? Poniendo un código llamado pixel que sigue las acciones que realiza el usuario que visita una web para identificarlo y enviarle luego anuncios específicos.

Para poner en marcha esta maniobra hay que instalar en la página web de la empresa el píxel de Facebook. ¿Cómo obtener y usar este pixel? Te lo explico paso a paso:

1. Ve a la sección Pixels del Administrador de anuncios en tu perfil en Facebook.

2. Abre el menú Actions y selecciona la opción View Pixel Code. Te mostrará automáticamente el código, aunque también puedes pedir que te lo mande por correo electrónico.

3. Coloca el código dentro de la etiqueta <head> de todas las páginas de la web.

4. Luego ve a la sección Audiences de Facebook y crea el público objetivo. Selecciona Custom Audience y posteriormente Website Traffic, luego de lo cual se desplegarán diferentes opciones. Elige la más conveniente, ya sea incluir usuarios que visiten la web en un determinado periodo de tiempo o aquellos que visitaron páginas específicas.

5. Una vez creado este público, nómbralo en el área Who do you want your ads to reach.

6. Crea un anuncio eligiendo en la pestaña Público la audiencia personalizada que creaste.

Checkpoint

Para acompañar las promociones de Facebook Ads, crea grupos donde los participantes interactúen y publiquen contenidos relacionados con el producto o servicio de la empresa.

Herramienta sugerida

Custom Audiences

Herramientas Facebook

El propio Facebook brinda numerosas herramientas para facilitar la promoción. En el caso de **Facebook Exchage,** ofrece la posibilidad de intercambiar publicidad con otras redes sociales. Por su parte, **Facebook Custom Audiences** es increíble para cultivar clientes que hayan visitado la web y mostrado afinidad con los contenidos de la marca.

Instagram Ads

El bajo coste de crear campañas publicitarias más la integración natural de los anuncios con los contenidos no promocionados hacen de esta una excelente elección publicitaria. Hay varios caminos para lograr este cometido:

- Promocionar una publicación creada anteriormente.
- A través de la plataforma Instagram Business.
- Mediante el administrador de anuncios de Facebook.

Por ser redes hermanas, lo primero que necesitarás es una cuenta de Facebook para vincularla con tu cuenta comercial de Instagram. Si estás creando tu primera campaña, te recomiendo utilizar el Administrador de anuncios de Facebook. Allí podrás elegir qué campaña lanzar entre las siguientes cuatro posibilidades:

- **Imagen única:** el anuncio muestra una sola imagen.

- **Carrusel:** permite agregar hasta cinco imágenes que el usuario puede ir desplazando.

- **Reproductor de imágenes:** puedes añadir hasta cinco imágenes para que se vayan reproduciendo solas.

- **Vídeo:** imagen en movimiento con un límite máximo de 60 segundos.

Checkpoint

El poder emocional de las imágenes es el principal atributo de los anuncios creados en Instagram, la red del momento.

Primer paso

¡También puedes anunciarte en las *stories* e incluir enlaces webs! Para ello, abre el Administrador de anuncios de Facebook. Allí ve a «Crear campaña», y elige alguno de los siguientes objetivos: Alcance, Reproducciones de vídeo, Conversiones, Instalaciones de la aplicación, Generación de clientes potenciales o Tráfico.

Recomendaciones

- Que los videos no superen el minuto de duración en el caso del *feed*, y los 15 segundos si son *stories*.

- Que los usuarios puedan entender el video sin necesidad de activar el sonido.

- Es mejor utilizar el formato cuadrado (1080px x 1080px) para *feed*, o el formato rectangular (1127px x 2008px) para *stories*.

- Instagram es una red móvil. Así que asegúrate de que la web a la que dirigirás a los usuarios tenga un diseño *responsive* que se visualice bien desde un teléfono inteligente.

- ¡Ten cuidado al editar tus anuncios! Instagram borra automáticamente los Me gusta y comentarios del aviso anterior para crear uno completamente nuevo.

- Geolocaliza tu actividad en Instagram. Esto permite usar esta red para acercarte a tu público geográficamente inmediato.

- Destaca en la publicación el *hashtag* de tu campaña.

Twitter Ads

Twitter no es una opción para todas las marcas. Por ser primordialmente informativa, carece de la emocionalidad que dan las imágenes a Instagram o la calidez de las publicaciones en Facebook. Toma en cuenta esas características al momento de definir los objetivos de tus campañas de anuncios en la red del pájaro azul.

Primer paso

Para iniciar tu primera campaña, visita ads.twitter.com, ve a Twitter Analytics desde el propio interfaz de Twitter, o en el enlace Publicidad en Twitter ubicado en la parte inferior derecha de tu pantalla. Selecciona Crear nueva campaña en la esquina superior derecha y elige Clics o conversiones en el sitio web en el menú desplegable.

Retargeting en Twitter

Una de las ventanas más interesantes que ofrece Twitter Ads son las audiencias personalizadas, muy útiles para crear campañas de *retargeting*. Estas audiencias pueden crearse a partir de:

Listas

Ya sean clientes actuales de los que tienes el correo electrónico o los influenciadores relevantes mediante sus nombres de usuario.

Sitio web

Para quienes visitaron el sitio web recientemente. Puedes obtener esta información a través de la etiqueta de conversión de Twitter, disponible en Twitter Ads, o recurrir al Programa de socios oficiales de Twitter.

Aplicaciones móviles

Para quienes hayan realizado una acción determinada en tu aplicación, ya sea descarga o registro, y así obtener los datos de quiénes usan tu aplicación móvil. Seguidamente, el Administrador de audiencia es una herramienta disponible en tu cuenta de Twitter Ads muy útil para revisar y administrar tus audiencias y el *retargeting* en esta plataforma. Veamos cómo hacerlo:

1. Inicia sesión en Twitter Ads, selecciona el menú desplegable Herramientas y haz clic en Seguimiento de conversiones.

2. Haz clic en Crear nuevo píxel de conversión y elige el tipo de conversión para el que deseas hacer el seguimiento, ya sea visitas al sitio web, compras o descargas.

3. Si marcas la opción Crear una audiencia personaliza-da, los usuarios que reaccionen ante el contenido queda-rán registrados como Audiencia. Así podrás segmentarlos para las campañas de marketing.

4. Haz clic en Guardar etiqueta y generar fragmento de código, y el código estará listo para ser incrustado en el HTML de la página web que quieras hacerle seguimiento.

5. Para conocer los resultados de la conversión, visita la sección Campañas del panel de Twitter Ads haciendo clic en el botón Conversiones.

Checkpoint

Los tuits promocionados con Website Cards incluyen un enlace directo a la web que desees, excelente alternativa para potenciar el tráfico desde Twitter. Para ello, visita ads.twitter.com, selecciona Crear nueva campaña en la esquina superior derecha y luego elige Clics o conversiones en el sitio web en el menú desplegable.

YouTube Ads

Así como la imagen es la reina del contenido en Instagram, el video es el rey en esta red fundada en 2005. Luego de Google, YouTube es el buscador a la que la gente acude para encontrar contenido, lo que representa una oportunidad excepcional para promocionar una marca. YouTube te ofrece los siguientes tipos de anuncios:

Anuncios TrueView

Trabaja con el modelo Costo por Visualización (CPV). En otras palabras, solo le pagas a YouTube cuando el espectador ve tu anuncio completo.

Anuncios de Superposición

Avisos semitransparentes que se superponen en la zona inferior de los videos. Abarcan solo el 20 % de la pantalla del reproductor.

Anuncios de videos que pueden saltarse

Aparecen antes, durante la reproducción o al finalizar el video principal. Se muestran dentro del reproductor de video, y permite a los usuarios saltar el anuncio pasados los primeros 5 segundos de reproducción.

Anuncios de video que no pueden saltarse

A diferencia del anterior, los anuncios deben verse de forma completa antes de que comience el video principal.

Banners estándar

Aparecen por fuera de los videos y se pagan por clic o impresiones recibidas. Entre los tipos de banners disponibles están los que aparecen durante la reproducción del video, los que forman parte de los resultados de búsqueda, y los especiales para móviles.

 Checkpoint

Aconsejo siempre crear un tráiler de entrada en el canal de la empresa. Este tráiler puede ser una breve presentación de la marca, testimonios de clientes, demostraciones de productos o casos de estudio.

Recomendaciones

• Crear tutoriales con consejos y procesos relacionados con lo que hace la marca.

• Responder a los comentarios de los usuarios.

• Crear listas de reproducción.

• Hacer colaboraciones o tener un invitado que maneje un canal con una audiencia numerosa.

• Realizar concursos cuyo premio sea alguno de los productos o la prestación del servicio que ofrece la empresa.

• ¡Cuenta historias! YouTube es perfecto para emocionar a la audiencia con narraciones visuales.

LinkedIn Ads

Esta red eminentemente profesional es estupenda para lograr notoriedad y fidelizar clientes. Esto es especialmente importante si la empresa es B2B, es decir, empresas cuyos clientes son otras empresas. Hay tres tipos de campañas que puedes aprovechar en esta plataforma:

Contenido patrocinado

Publicaciones promocionadas que aparecerán en el muro del público que segmentes.

Anuncio de texto

Se publican en la barra lateral o en la horizontal.

Mensajes InMail patrocinados

Mensajes privados que llegan al buzón de LinkedIn del público de tu interés. Aunque en lo particular esta posibilidad me parece un poco invasiva, no dudo que es de gran efectividad.

Checkpoint

Aprovecha los criterios de segmentación profesionales de esta red, que van desde tamaño de la empresa según número de empleados, universidad donde el usuario estudió, hasta disciplina académica, aptitudes y años de experiencia laboral.

Recurre a influencers

Incorporar a *influencers* como prescriptores de productos y servicios es una estrategia eficaz para aumentar el nivel de *engagement* de las publicaciones. Ellos son las nuevas caras de las marcas y una estrategia de contenidos estaría incompleta si no toma en cuenta la participación de un acreditado *influencer*.

Ya en mi anterior libro, **Construyendo un influencer**, toco todos los aspectos que debes conocer sobre este tema. Aunque quisiera insistir acá en aquellos factores que una marca debe considerar al momento de elegir a un *influencer*:

• Que sea **coherente con la visión, la misión y los valores** de la marca.

• Que sea **relevante**, es decir, que sus contenidos generen acciones y repercusiones entre la audiencia.

• **Que aporte valor**, sea activo, y ofrezca ideas frescas y originales.

• Que sea profesional, comprometido y responsable.

Checkpoint

Los honorarios de un *influencer* varían de la plataforma en la que aparecerá (YouTube es la más costosa), más el número de seguidores y *engagement* que tenga. Indiferentemente de la elección, es importante realizar un contrato o al menos dejar claros los objetivos a perseguir, así como las herramientas que se utilizarán para medir si se lograron esos objetivos.

5

Mide resultados

Evalúa lo que has hecho

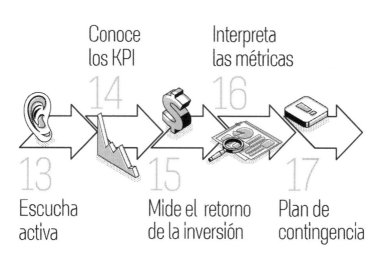

Conoce
los KPI

Interpreta
las métricas

14

16

13

15

17

Escucha
activa

Mide el retorno
de la inversión

Plan de
contingencia

Muchos piensan que luego de publicar y promover los contenidos hay que esperar cierto tiempo para revisar lo que se ha hecho y decidir si continuar por esa dirección o cambiar de rumbo. Esa es una verdad a medias: monitorear y medir son tareas que arrancan y deben permanecer desde el momento en que se publica el primer post.

Escucha activa

Tal como nos enseñó la maestra escolar cuando de niños nos explicaba las lecciones del buen hablante y el buen oyente, tan importante como hablar es prestar atención a lo que dicen las personas con quienes se habla. La llamada escucha activa persigue ese mismo objetivo.

Esta escucha activa es implementar mecanismos de monitorización para conocer en todo momento qué dice la audiencia sobre la marca. Entre las preguntas que debe responder una tarea de escucha activa están:

- ¿Qué se habla de la marca? ¿Es positivo o negativo?

- ¿Qué se dice de la competencia?

- ¿Qué pasa en el entorno donde se mueve la marca?

- ¿Cuáles son las palabras claves y tendencias del momento relacionadas con la marca?

- ¿Qué dicen los empleados de la empresa en sus redes?

- ¿De qué hablan los *influencers* y voces autorizadas relacionados con el área de la empresa?

Checkpoint

Una vez que sepas qué dice la audiencia sobre la marca, analiza lo escuchado para identificar oportunidades y amenazas, detectar crisis potenciales, tendencias emergentes que impacten el negocio, reforzar los elementos positivos de la gestión de redes, y corregir aquello que se esté haciendo mal.

Herramienta sugerida

Herramientas Google

Google Trends permite comparar la popularidad de palabras o frases buscadas en red. Los emprendedores también pueden conocer los productos más buscados por categoría. A su vez, Google Alert notifica automáticamente cuando un nuevo contenido de las noticias, web, blogs, vídeo o grupos de discusión coincide con un término de búsqueda preseleccionado. Recuerda incluir en los términos de búsqueda el nombre de la empresa y el que utiliza en la red.

Maneja los KPI

Para medir la efectividad de las promociones y demás acciones de marketing social existen los llamados KPI (Key Performance Indicators), que establecen cuantitativamente si los objetivos están siendo alcanzados o no.

Tanto la página web como cada plataforma social ofrecen muchas estadísticas. Revisemos cada una de esas métricas en las diferentes redes y la manera más directa para conseguirlas:

Métricas del sitio web

• Visitas desde redes sociales.

• Tasas de conversión.

• Ventas directas desde redes sociales,

• Usuarios que se suscriben a la *newsletter* desde redes sociales.

• Otros, como porcentaje de visitantes nuevos, visitantes que regresan al sitio, porcentaje de rebotes y páginas más visitadas, etc.

¿Cómo se consiguen?

Tal es la importancia que Google Analytics le da al tráfico que generan las redes sociales a la web que agrupa este elemento como un factor independiente.

Para ello, habilita Google Analytics para la web de la empresa mediante tu cuenta de correo de Gmail. Luego, dirígete al sitio https://marketingplatform.google.com/about/analytics, haz clic en Crear una Cuenta y sigue el procedimiento allí señalado. Finalmente, se te entregará un código a insertar en todas las páginas de la web.

Google Atribution

Ofrece más información que Google AdWords y Analytics para identificar el origen de las conversiones de los clientes, entre muchos otros datos de interés.

Métricas de Facebook

• Perfil de los usuarios.

• Alcance de la página y su crecimiento.

• Número de Me gusta y su aumento o disminución.

• Número de comentarios en el muro.

• Tipos de comentarios de los visitantes, ya sean positivos, negativos o neutros.

¿Cómo se consiguen?

Facebook Insights es la herramienta de la propia plataforma para conocer las estadísticas de las *fan pages* para decidir el contenido que mejor funciona, cómo son los fans, la mejor hora para publicar y cuántas interacciones obtienen las publicaciones, entre muchas otras variables. Visita el Business Manager de Facebook Ads, que proporciona la información que requieras de acuerdo al objetivo planteado durante la creación de la campaña.

Métricas de Twitter

• Impresiones de la cuenta y su crecimiento, es decir, cuántas personas fueron expuestas a la marca.

• Número y crecimiento de seguidores.

• Número de tuits y periodicidad de publicación.

• Número de retuits y menciones.

• Intervalo de atribución o cantidad máxima de tiempo entre el clic y la conversión de cliente.

• Seguimiento de conversiones para sitios web.

• Respuesta directa (RD) que genera acciones inmediatas en los consumidores (clics, el tráfico en el sitio, o las compras).

¿Cómo se consiguen?

Además de planificar y administrar campañas, el Administrador de Anuncios de Twitter genera informes para optimizar el rendimiento de las campañas. Cuando inicies sesión en ads.twitter.com, la pantalla de inicio se abrirá automáticamente.

Métricas de Instagram

• Impresiones o cantidad de veces que cada publicación o historia se ha mostrado.

• Seguimientos o cantidad de usuarios que se añadieron como seguidores luego de ver la publicación.

• Visitas al perfil.

• Número de Me gusta, comentarios, así como clics en los enlaces y guardado de publicaciones.

¿Cómo se consiguen?

Las estadísticas del propio Instagram ofrecen mucha información sobre la efectividad de las publicaciones, ya sean orgánicas o promocionadas. Con acceder al perfil y darle clic al icono de las estadísticas ubicado en la esquina superior derecha podrás saber estas métricas además de los datos básicos como ubicación geográfica, sexo y edad de la audiencia, entre otras. También hay muchas herramientas adicionales para profundizar en los informes básicos de esta red.

Herramienta sugerida

metricool Metricool

Para analizar el alcance de las publicaciones, *engagement*, hora de mayor interacción y contenidos que mejor funcionan, tanto propios como de nuestros competidores.

Métricas de YouTube

- Número de videos subidos.
- Número de suscriptores.
- Reproducciones de videos subidos.
- Número de Me gusta y comentarios en el canal.
- Tiempo de visualización.
- Fuentes de tráfico.
- Retención de la audiencia.
- Videos compartidos.

¿Cómo se consiguen?

Las funcionalidades de YouTube Analytics se dividen en tres aspectos: Descripción general, Informes de reproducciones, e Interacción con la audiencia. Para acceder a estas herramientas, ve a YouTube, haz clic en el ícono de la cuenta, y pasa a la sección Creator Studio.

Selecciona Analytics en el menú de la izquierda para ver los informes que desees.

Métricas de LinkedIn

- Número de seguidores.
- Número participantes en grupos creados.
- Número de recomendaciones.
- Conversiones.
- *Leads* generados.
- Costo por adquisición.
- Comentarios.
- Vistas de video.
- Vistas de página.
- Tasa de clics.

¿Cómo se consiguen?

Los datos de LinkedIn Analytics no son tan variados como los ofrecidos por otras redes, aunque son muy útiles para tener una visión general de las acciones emprendidas en esta plataforma profesional. Para conocerlos, busca la pestaña Administrar página y de ahí pulsa Analíticas.

Checkpoint

No es cuestión de tomar en consideración absolutamente todas las métricas que arrojan las herramientas, sino aquellas que impacten directamente los objetivos del negocio.

Calcula el Retorno de la Inversión (ROI)

Es inútil promocionar contenidos si luego no recuperas la inversión realizada. Por eso conocer los KPI te dará la información necesaria para calcular el ROI, siglas en inglés de *Return On Investment* o retorno de la inversión. Sin darle mayores vueltas, el ROI dice si el presupuesto invertido rindió los frutos esperados.

¿Cómo se calcula el ROI en una estrategia de marketing *online*? Debes tener a mano dos cifras esenciales:

1. El monto de la inversión realizada en la promoción.

2. Los ingresos generados por la campaña.

Con estos dos datos realiza la siguiente fórmula:

Ganancias   –   Inversión   ÷   Inversión x 100

Te lo explico en tres simples pasos:

1. Al beneficio obtenido o esperado le restas el monto de la inversión.

2. Divide ese resultado entre el costo de la inversión.

3. Para expresarlo en porcentaje, multiplica el último resultado por 100. Esta última cifra representa al ROI.

Te lo explico de nuevo con un ejemplo hipotético: si para una campaña en Facebook invertiste $50 y alcanzaste una ganancia en ventas de $500, significa que el retorno de la inversión fue de 900 %. ¿Cómo llegamos a esa cifra? Veamos:

$500 de ganancias – $50 de inversión ÷ $50 de inversión x 100 = 900 % como Retorno de la inversión.

Mientras mayor sea el ROI, mayores serán las ganancias. Tener un resultado negativo significa que estás perdiendo dinero. O estar muy cerca del cero refleja que la inversión publicitaria no es muy atractiva.

Checkpoint

El ROI no solo sirve para medir resultados sino también para preverlos. Calcúlalo antes de lanzar una promoción para estimar cuántos dividendos podría generar esa acción de marketing y fijarle una meta a alcanzar.

Parece una fórmula muy sencilla, ¿verdad? No obstante, tienes que tomar en consideración otras variables para llegar a las cifras con que realizas la fórmula. Para determinar el monto de la inversión no solo debes poner lo que le pagaste en dinero a la red social por publicar la campaña, sino también los gastos adicionales que realizaste para su ejecución. Algunos de estos gastos son:

• Pago al diseñador o videógrafo que realizó la campaña.

• Insumos como compra de fotografías o pago de honorarios profesionales a un fotógrafo.

• Gastos de oficina divididos por las horas invertidas en la elaboración de la campaña.

• Plataformas de correo electrónico utilizados para el email marketing de la campaña.

- Codificación de sitios web.
- Tiempo de gestión.
- Otros.

Herramienta sugerida

Calkoo

www.calkoo.com

Con el ingreso de unos pocos datos puedes calcular el ROI. En español.

Ahora, ¿qué pasa con las acciones de marketing que no arrojen directamente ganancias en números, como es el caso de las campañas de *branding* que buscan fortalecer la marca? ¿Cómo se calcula el ROI en esos casos?

Aunque aparentemente se trate de resultados que no se pueden medir en ganancias tangibles e inmediatas, sí representan un beneficio que impulsa la notoriedad de la marca, lo que, a la larga, también se traduce en ventas.

Para determinar el ROI en estos casos revisa las metas que te planteaste al momento de idear la campaña de *branding*, y contrástalas con los logros alcanzados. Te pongo un ejemplo:

Campaña Facebook Incremento Notoriedad de la Marca

Inversión: $100			Meta: aumento del 25 %	
Categoría	Inicio de campaña. abril 2019	Final de campaña. mayo 2019	Incremento numérico	Incremento en %
Menciones	2010	2613	603	+30 %
Seguidores	5100	8160	3060	+60 %
Interacción				+30 %
Visitas a la web desde las redes sociales	4500	5400	900	+20 %
Alcance de las publicaciones	2900	3480	580	+20 %
Incremento de *branding* (promedio)				32 %
Superación de la meta				18 %

¡Descárgalo!

En **antoniotorrealba.com** descarga una plantilla para organizar el ROI de tus campañas en redes sociales.

De acuerdo a este ejemplo, en abril de 2019 iniciaste una campaña de *branding* en Facebook con una inversión de $100 para aumentar en un 25 % la notoriedad de la marca. Al finalizar la campaña un mes después, el promedio de logro alcanzado fue de 32 % (para saber este porcentaje, suma los resultados porcentuales de cada categoría y luego divide esa cifra por el número total de categorías). De tal forma, superaste en un 18 % la meta inicial.

Las ganancias del ROI no se limitan a las ganancias brutas obtenidas por una campaña específica. Si ese cliente se fideliza, las ganancias se extienden por todo el tiempo en que tal cliente seguirá comprando el producto o servicio. Es lo que se llama Vida Útil del Cliente o CLV..

Selecciona, organiza e interpreta las métricas

Las métricas que arrojan las propias redes sociales o el ROI resultan en una enorme cantidad de cifras que puede llegar a desesperar. ¿Qué hacer con tantos números? Te propongo seguir los siguientes cuatro pasos:

1. Seleccionar

Es necesario determinar cuáles indicadores son vitales al momento de la medición. Elige solo aquellos que impacten directamente los objetivos de la empresa.

2. Organizar

Organiza la evolución de los indicadores elegidos para saber si se están alcanzando o no los objetivos. La mejor manera de organizar tales métricas es incluirlas en un cuadro de mandos. Puede ser un documento Excel o una herramienta especializada que marca el objetivo y el tiempo en que se alcanzará. Un cuadro de mando básico debe contener las siguientes categorías:

- KPI con el plan de social media.
- Tiempo estimado de la evolución.
- Objetivos a conseguir.

 ¡Descárgalo!

En mi web **antoniotorrealba.com** podrás descargar una plantilla en blanco para organizar tus métricas.

3. Interpretar

Con las métricas organizadas no harás gran cosa. ¡Ahora tienes que interpretarlas! Por ejemplo, luego de identificar el crecimiento de los seguidores, debes razonar sobre el porqué de ese comportamiento de tu público. Con la interpretación de los datos pasarás de lo cuantitativo a lo cualitativo y podrás responder la pregunta más importante: ¿por qué funcionó o fracasó la estrategia?

4. Decidir

Es hora de elegir si conviene seguir por el mismo camino o cambiar de rumbo. Quizá una campaña en Instagram ofrezca más beneficios que una publicada en Twitter o Facebook a un mismo presupuesto, por lo que deberás decidir si vale la pena continuar con esta última opción.

Plan de contingencia

No hay que esperar el cumplimiento de todo el plan de marketing digital para evaluar la efectividad de las acciones: medir resultados es una tarea permanente. Así sabremos antes de que termine el plazo de la campaña si se está alcanzando o no la meta. Y actuar en consecuencia.

¿Qué hacer si pasan los días y hasta las semanas y nada que retorna la inversión? ¿Previste conseguir un retorno de inversión del 80 % al término del primer mes de lanzada una promoción, pero ya han pasado quince días y apenas se ha alcanzado el 10 % de la meta? ¿Vas a quedarte de brazos cruzados? No.

Por eso, antes de lanzar la promoción, plantéate un cronograma de contingencias en caso de que las metas no se vayan alcanzando.

Te pongo un ejemplo de un plan de contingencia mensual con acciones que refuercen semana por semana obtener el objetivo en caso que las actividades previstas inicialmente no estén dando los resultados esperados:

- **Semana 1:**

Publicar en el blog corporativo un artículo que explique a profundidad la oferta de la campaña.

- **Semana 2:**

Acompañar la campaña con un sorteo en redes sociales.

- **Semana 3:**

Ofrecer en la web recursos descargables relacionados con el tema de la campaña.

- **Semana 4:**

Lanzar una segunda campaña donde se aumente la oferta ofrecida en la campaña original.

El juego en 5 pasos

Acá mi método resumido para rentabilizar tu marca en las redes

Conocer la marca

Ejecutar

Monitorear y analizar resultados

Definir un plan

Promocionar

1
Conoce la marca

Para amar hay que conocer

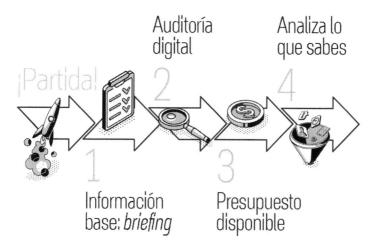

Solo conociendo bien la marca sabrás qué decir, cómo hacerlo y cuáles objetivos perseguir mediante esa «conversación» que establecerás con la audiencia a través de las redes sociales.

En caso de que seas dueño de la empresa, no creas que te la sabes todas por ser su propietario. O si has decidido contratar a un tercero para manejar las redes de tu empresa, ya sea una agencia de *social media* o un *community manager*, igual debes tener claro estos puntos para comunicarlos al profesional que contrates.

Sea uno u otro tu caso, conocer bien la marca es fundamental para abordar las siguientes tareas básicas que aguardan a quien maneje las redes de una compañía:

• Crear y administrar los perfiles en las redes.

• Publicar contenidos de valor.

• Activar acciones de marketing para apoyar el cumplimento de los objetivos de negocio de la compañía, ya sea a través de promociones, sorteos, concursos, campañas de publicidad, acciones con *influencers,* entre otras.

• Dar respuesta, interactuar y promover la conversación entre los usuarios para potenciar la comunidad.

• Hacer seguimiento y evaluar los resultados.

• Manejar posibles crisis de reputación digital.

Información para arrancar

Antes de abordar las tareas planteadas hay que conocer la marca y recopilar la información esencial sobre ella. Esta información comprende su historia, su visión y visión, el tipo de cliente que maneja, su personalidad, su estilo y tono, así como su competencia.

¿Cómo abordar este primer paso? Mediante la elaboración de un *briefing,* que es un documento donde se organizan los datos fundamentales de la marca y representa el punto de partida para que las futuras acciones pisen sobre terreno sólido. A partir de él se establecen objetivos claros y medibles.

• ¿Qué hace la marca?

• ¿Cuál es su público?

• ¿Cuál es su personalidad y estilo gráfico?

• ¿Quiénes son sus competidores?

• ¿Dónde estamos? Esta auditoría digital incluye:

  ○ Página web.

  ○ Redes sociales.

Conoce el presupuesto disponible

Determina los recursos disponibles para cumplir con los objetivos. Este monto mensualizado y anual debe incluir pago de contenidos promocionados. contratación de un fotógrafo profesional, producción de videos y otros gastos imprevistos.

Analiza lo que sabes: Matriz DAFO

Con toda la información recopilada hasta ahora, estudia mediante la matriz Dafo cuáles factores de la situación actual de la empresa juegan a favor o en contra de su éxito. Una vez analizados todos estos elementos estarás en capacidad de plantear acciones que refuercen las fortalezas y neutralicen las debilidades, explotar las oportunidades en el entorno y hacer frente a posibles amenazas en la gestión de redes sociales.

2
Planifica
Arma una estrategia que cautive

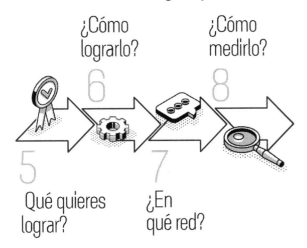

¿Cómo
lograrlo?

¿Cómo
medirlo?

Qué quieres
lograr?

¿En
qué red?

Ahora que ya conoces la información relevante de la marca, define un Social Media Plan (SMP) para saber qué camino seguir y alcanzar los objetivos. Este plan debe dar respuesta a las siguientes preguntas:

¿Qué se quiere lograr? Objetivos

Conocer los objetivos de negocio de la empresa es esencial para alcanzar el éxito en las redes sociales. Bajo el foco de esos objetivos se deben agrupar las metas y acciones o, de lo contrario, las aspiraciones del negocio irán por un lado y la estrategia en las redes sociales tomarán un rumbo distinto.

Los objetivos a conseguir con la estrategia en redes sociales deberán ser SMART. Este acrónimo en inglés de *inteligente* resume las cinco características que debe contener todo objetivo de RRSS para que deje de ser un deseo y se convierta en un propósito concreto y medible:

• *Specific* (Específico): debe ser concreto y definido.

• *Measurable* (Medible): tiene que poderse medir. Solo así podrás determinar si se está cumpliendo o no.

• *Attainable* (Alcanzable): debe ser posible, no un sueño o un delirio.

• *Relevant* (Relevante): asegúrate de que sea relevante para el negocio.

• *Time-limited* (Plazo): debe cumplirse en un tiempo determinado.

¿Cómo lograrlo? Define metas y acciones

Una vez definidos los objetivos, este se divide en metas y las acciones a tomar para conseguirlas.

¿Dónde lograrlo? En la red adecuada

Ya sabemos qué queremos conseguir y cómo lo vamos a lograr. Es hora de definir dónde. Es decir, cuáles son las plataformas sociales donde participar. La respuesta es una sola: la marca debe estar en aquellas redes donde esté su *buyer persona* o público objetivo.

Mide para saber si lo lograste

Un plan de social media estaría incompleto si no incluye las métricas para medir lo que funciona y lo que no. Tan importante es este punto que el capítulo sobre medición se concentra especialmente en este tema.

3
Publica
Contenidos que seduzcan

Publicación de contenidos

No se vale publicar por publicar. La estrategia para alcanzar el éxito es publicar contenidos que interesen al público objetivo. Eso se logra con un plan de contenidos que defina qué publicar, para quién, para qué, cómo y cuándo.

Aunque no hay una fórmula que les sirva perfectamente a todas las marcas, los siguientes elementos deben estar presentes para triunfar en las redes:

Primero lo primero: optimiza el perfil

Mostrar de entrada un perfil profesional aumenta el atractivo y genera confianza entre los seguidores potenciales. Para ello, utiliza el logotipo de la empresa como avatar, usa el nombre de la empresa como nombre de usuario, la bio debe explicar qué hace la compañía, y para la imagen de cabecera elige una distinta a la del logo de la empresa.

Define el tono

El tono es el matiz con el que se comunica la marca y quizá el elemento que más influye en cómo es percibida por la audiencia. Es la prolongación natural de su identidad y la mejor manera de diferenciarse de las empresas rivales.

El hallazgo del tono de voz en los contenidos a publicar se da después de analizar los siguientes tres aspectos:

• Personalidad de la marca.

• Cómo se comunica la audiencia.

• Tono de la red.

Aplica la fórmula DAS

Te propongo conocer los siguientes tres elementos de la que he llamado fórmula DAS:

• **Desafío:** es un desafío para la empresa presentar una solución a los problemas y las necesidades de sus consumidores,

• **Aspiración:** es el deseo o la esperanza de resolver el problema.

• **Solución:** la respuesta es la salida al problema.

Carisma: humaniza la marca

El carisma es la capacidad de motivar y generar admiración como consecuencia de un magnetismo personal. Pasión, talento y contenido de valor son los ingredientes básicos del carisma personal y hasta corporativo. ¿Qué es cada uno de estos elementos? Veamos:

• **Pasión:** lo que mueve y emociona a la persona.

• **Talento:** habilidad innata.

• **Contenido de valor:** publicaciones relevantes que aporten beneficios al público.

Antes de profundizar en las estrategias de cómo humanizar a la marca y darle carisma, conoce la diferencia entre cuenta personal, cuenta personal/profesional, y cuenta corporativa:

• Cuenta personal

Incorpora exclusivamente los aspectos de la vida íntima y familiar (relaciones de pareja, hobbies y gustos, celebraciones, etc.).

• Cuenta personal/profesional: marca personal

Toma en cuenta los elementos de la cuenta privada más el desempeño profesional. El emprendedor que busque cautivar a su audiencia debe mezclar ambos universos.

• Cuenta corporativa

Lo personal queda fuera y publica contenidos exclusivamente relacionados con el producto o servicio. Ahora, ¿cómo darle carisma a un perfil corporativo? Acá te ofrezco mis recomendaciones:

• Humaniza la marca poniéndole cara al equipo y compartiendo breves perfiles en las publicaciones.

• Publica imágenes de instantes dentro de la empresa, ya sea una reunión de trabajo o un momento divertido que pasó cuando sorprendieron con un pastel de cumpleaños a un miembro del equipo.

• Cuenta historias. La audiencia desea que la emociones, y el mejor camino para lograrlo es contándole historias que la hagan sonreír o conmoverse.

• A los seguidores no les importa cuánto vendió el negocio este mes, el monto de la inversión que se piensa hacer para ampliar las instalaciones y demás datos fríos que a nadie (quizá solo al dueño del negocio) emocionan.

• Aprovecha las noticias de gran impacto para mostrarles a los seguidores que también puedes conmoverte y emocionarte con ellos.

Una imagen vende más

Las imágenes y los videos cautivan más en un medio tan visual como lo son las redes sociales. El seguidor de una cuenta de un restaurante quizá muestre rechazo o indiferencia si cada post que lee está lleno de frases como «¡Te esperamos!», o «¡Saborea nuestros suculentos platillos!». En su lugar, una fotografía que exhiba las suculentas preparaciones de ese restaurante le hará agua la boca y lo impulsará a visitar el local.

Haz que te busquen: Inbound marketing

El Inbound Marketing es una serie de técnicas no invasivas que procura captar clientes ofreciéndoles contenidos de valor para que sea la propia audiencia quien recurra a la organización porque sabe que allí podrá satisfacer determinada necesidad.

Los contenidos a publicar dentro de una estrategia de Inbound Marketing deben responder al embudo de ventas, que está formado por cuatro etapas en las que se debe ofrecer al usuario un tipo de contenido específico según la fase en la que este se encuentre:

• Reconocimiento.

• Consideración.

• Conversión.

• Fidelización.

Aplica el *email marketing*

Ofrecer productos y servicios de manera persuasiva, fidelizar clientes y generar tráfico a la web son los principales beneficios que ofrece el *email marketing*. Esta práctica tiene dos principales orientaciones que debes saber diferenciar: el *mailing* y el *newsletter*. Los pasos básicos para implementar el *mailing* o el *newsletter* son:

- Elección de la herramienta.
- Captación de suscriptores.
- Elaboración y envío.
- Medición de la efectividad.

Define los pilares de contenido

Los llamados Pilares de contenido son una estrategia que va de la mano del Inbound Marketing. Busca variar los contenidos para no aburrir a la audiencia y evitar parecer que la empresa está vendiendo en todo momento.

Estos pilares vendrían a ser las líneas maestras sobre las que se levantan los contenidos. Se suelen dividir según la intención que se busca, ya sea dar información útil, ofrecer herramientas, entretener y, por supuesto, promocionar y vender.

Enciende el blog

Publicar información de valor en un blog corporativo ofrece enormes beneficios: además de generar confianza, el contenido de valor es el anzuelo que los internautas muerden por voluntad propia para responder sus dudas. Esa es la esencia del marketing de contenido y la mejor estrategia para posicionar una web en los motores de búsqueda. Toma en cuenta las siguientes indicaciones:

- Alinea los temas de los artículos con los intereses del público objetivo.

• Organiza un cronograma de publicación.

• Debe contener un formulario de suscripción para informar sobre las actualizaciones.

• Pon títulos llamativos y que prometan resolver un problema.

• Ofrece diversidad de formatos, desde textos, vídeos e infografías, hasta podcasts y material interactivo.

• Brinda al pie de los artículos la posibilidad de compartir en las redes.

• Al final del artículo pon un llamado de acción.

Monta tu vitrina social

El social *commerce* o vitrinas de productos en redes sociales permiten promocionar directamente tu oferta comercial. Ofrecer espacios especialmente pensados para exhibir productos y servicios es una tendencia en crecimiento. Y ya hay un par de opciones en esta modalidad:

• Tienda en Facebook.

• Instagram Shopping.

Pon a hablar a los usuarios

Una excelente estrategia para aumentar la conexión con los seguidores es prestarle tu espacio en las redes ¡Haz que ellos hablen! Permite que se expresen mediante los contenidos denominados User Generated Content.

Varios son los caminos para promover esta tendencia entre los seguidores:

• Menciona o republica los comentarios, videos, fotos o testimonios sobre el producto o servicio colgados por los usuarios en sus propias cuentas.

• Invita a los seguidores a publicar una foto o un breve

video usando el producto.

• Pide a los usuarios que compartan en sus perfiles consejos propios relacionados con el producto o servicio.

• Crea *hashtags* específicos para concentrar las publicaciones de los clientes alrededor de la marca.

Conoce los algoritmos

Los algoritmos de las redes son las normas de programación que hacen que una publicación se muestre mucho o poco, a quiénes y cuándo. Acá las mejores prácticas para dominar estos algoritmos:

• Dale más importancia a la calidad que a la cantidad: es preferible un post diario o dos con gran impacto, que docena y media que pasen por debajo de la mesa.

• Interactúa mucho con los usuarios.

• Promociona los contenidos mediante modalidades de pago.

• Personaliza los comentarios que escribas en las cuentas de los seguidores.

• Si utilizas una aplicación de terceros para publicar, verifica que esté autorizada y así evitar ser penalizado.

• No edites el texto de tu imagen durante la primera hora de publicación.

• No sigas, dejes de seguir, des Me gusta ni comentes a más de 60 personas en una misma hora.

• Usa todas las funcionalidades que ofrece la plataforma, especialmente Instagram Stories.

• No incluyas más de 5 *hashtags* en una misma publicación, ni uses los mismos de forma continua.

• Involúcrate activamente con las respuestas a los tuits y menciones a la cuenta.

• YouTube le da mayor importancia a los minutos reproducidos que al número de reproducciones, procura que los espectadores vean el video hasta el final. Una manera de lograrlo es anunciando al principio que compartirás información especial en los últimos segundos.

• Publica regularmente para ser considerada una cuenta relevante.

• Elige palabras clave y ponlas en el nombre de los archivos de los videos, los títulos, descripciones, etiquetas, anotaciones y listas de reproducción.

Crea un calendario editorial

Una vez que tengas claro cómo abordar tus contenidos, define un calendario editorial con el propósito de organizar las publicaciones y, lo más importante, publicar cuando la comunidad de seguidores esté más activa. En un mismo documento plasma las siguientes categorías:

• Intención de la publicación.

• Día y hora de publicación.

• Formato.

• Red social donde se publicará.

4

Promociona

Difunde tu oferta

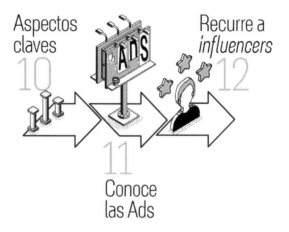

Aspectos claves
10

Recurre a *influencers*
12

Conoce
las Ads
11

Las opciones de pago son muy efectivas para que el público potencial descubra la marca y, al final del camino, se convierta en su consumidor.

Su efectividad depende de la estrategia de negocio que se siga y cómo se aplica en el universo digital. Toda estrategia de promoción responde a 5 aspectos claves:

· Fijar objetivos

Los objetivos de las campañas en las Social Ads deben estar alineados con los objetivos generales que busca la empresa en las redes sociales. Sin un propósito claro estarás malgastando el dinero.

· Segmentar

Es definir el público al que irá destinada la promoción.

Además de las tradicionales categorías por edad, sexo y ubicación geográfica, también se puede segmentar por intereses y comportamientos de la audiencia, patrones de compra, e incluso por operadoras o dispositivos que utilice el usuario.

• **Presupuestar**

Una vez que tengas claro el objetivo de la promoción, fija el presupuesto para alcanzarlo.

• **Definir contenido y formato**

El contenido es qué es lo que vas a decir, mientras el formato es la manera en que lo dirás, ya sea texto e imágenes, encuestas, elementos interactivos o formularios.

• **Medir**

Cada red social ofrece métricas para saber si la promoción dio los frutos esperados o no.

Conoce las Ads

Todas las redes sociales ofrecen plataforma publicitarias promocionales donde difundir mediante un pago tus contenidos y ofertas. Elige la red donde más esté presente tu cliente, tomando en cuenta las siguientes sugerencias generales:

• Que los videos no superen el minuto de duración en el caso del *feed*, y los 15 segundos si se trata de *stories*.

• Que los usuarios puedan entender el video sin necesidad de activar el sonido.

• Instagram es una red móvil. Así que asegúrate de que la web a la que dirigirás a los usuarios tenga un diseño *responsive* que se visualice bien desde un teléfono inteligente.

- Geolocaliza tu actividad.

- Crea tutoriales con consejos y procesos relacionados con lo que hace la marca.

- Responde a los comentarios de los usuarios.

- Haz colaboraciones o ten un invitado que maneje un canal con una audiencia numerosa.

- Realiza concursos cuyo premio sea alguno de los productos o la prestación del servicio que ofrece la empresa.

Recurre a *influencers*

Incorporar a *influencers* como prescriptores de productos y servicios es una estrategia eficaz para aumentar el nivel de *engagement* de las publicaciones.

Ya en mi anterior libro, **Construyendo un influencer**, toco todos los aspectos que debes conocer sobre este tema. Aunque sí quisiera insistir acá en aquellos aspectos que una marca debe considerar al momento de elegir a un *influencer*.

- Que sea coherente con la visión, la misión y los valores de la marca.

- Que sea relevante, es decir, que sus contenidos generen acciones y repercusiones entre la audiencia.

- Que aporte valor, sea activo, y ofrezca ideas frescas y originales.

- Que sea profesional, comprometido y responsable.

5

Mide resultados
Evalúa lo que has hecho

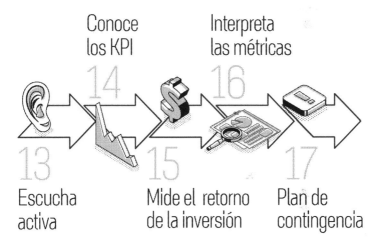

Conoce los KPI

Interpreta las métricas

Escucha activa

Mide el retorno de la inversión

Plan de contingencia

Monitorear y medir son tareas que arrancan y deben permanecer desde el momento en que se publica el primer post.

Escucha activa

La escucha activa consiste en implementar mecanismos de monitorización para conocer en todo momento qué dice la audiencia sobre la marca. Entre las preguntas que debe responder una tarea de escucha activa están:

- ¿Qué se habla de la marca? ¿Es positivo o negativo?
- ¿Qué se dice de la competencia?
- ¿Qué pasa en el entorno donde se mueve la marca?

- ¿Cuáles son las palabras clave y tendencias del momento relacionadas con la marca?

- ¿Qué dicen los empleados de la empresa en sus redes sociales personales?

- ¿De qué hablan los *influencer*s y voces autorizadas relacionadas con el área de la empresa?

Maneja los KPI

Para medir la efectividad de las promociones y demás acciones de marketing social existen los llamados KPI (Key Performance Indicators), que establecen cuantitativamente si los objetivos están siendo alcanzados o no. Revisemos cada una de esas métricas en las diferentes redes y cómo obtenerlas:

- **Métricas del sitio web**

  o Visitas desde redes sociales.

  o Tasas de conversión.

  o Ventas directas desde redes sociales.

  o Usuarios que se suscriben al *newsletter* desde redes sociales.

  o Otros, como porcentaje de visitantes nuevos, visitantes que regresan al sitio, porcentaje de rebotes y páginas más visitadas, etc.

  o ¿Cómo se consiguen? Tal es la importancia que Google Analytics le da al tráfico que generan las redes sociales a la web que agrupa este elemento como un factor independiente.

- **Métricas de Facebook**

  o Perfil de los usuarios.

  o Alcance de la página y su crecimiento.

  o Número de Me gusta y su aumento.

o Número de comentarios en el muro.

o Tipo de comentarios de los visitantes, ya sea positivos, negativos o neutros.

o ¿Cómo se consiguen? Facebook Insights es la herramienta de la propia plataforma para conocer las estadísticas de las *fan pages*.

• **Métricas de Twitter**

o Impresiones de la cuenta, es decir, cuántas personas fueron expuestas a la marca.

o Número y crecimiento de seguidores.

o Número de tuits y periodicidad de publicación.

o Número de retuits y menciones.

o Intervalo de atribución o cantidad máxima de tiempo entre el clic y la conversión de cliente.

o Seguimiento de conversiones para sitios web.

o Respuesta directa (RD) que genera acciones inmediatas en los consumidores (clics, el tráfico en el sitio, o las compras).

o ¿Cómo se consiguen? Además de planificar y administrar campañas, el Administrador de Anuncios de Twitter genera informes para optimizar el rendimiento de las campañas.

• **Métricas de Instagram**

o Impresiones o cantidad de veces que cada publicación o historia se ha mostrado.

o Cantidad de usuarios que se añadieron como seguidores luego de ver la publicación.

o Visitas al perfil.

o Número de Me gusta, comentarios, así como clics en los enlaces y guardado de publicaciones.

o ¿Cómo se consiguen? Las estadísticas del propio Instagram ofrecen mucha información sobre la efectividad de las publicaciones.

- **Métricas de YouTube**

  o Número de videos subidos.

  o Número de suscriptores.

  o Reproducciones de videos subidos.

  o Número de Me gusta y comentarios en el canal.

  o Tiempo de visualización.

  o Fuentes de tráfico.

  o Retención de la audiencia.

  o Videos compartidos.

  o ¿Cómo se consiguen? Mediante YouTube Analytics.

- **Métricas de LinkedIn**

  o Número de seguidores.

  o Número participantes en grupos creados.

  o Número de recomendaciones.

  o Conversiones.

  o *Leads* generados.

  o Costo por adquisición.

  o Comentarios.

  o Vistas de video.

  o Vistas de página.

  o Tasa de clics.

  o ¿Cómo se consiguen? Los datos de LinkedIn Analytics no son tan variados como los ofrecidos por otras redes, aunque son muy útiles para tener una visión general

Calcula el Retorno de la Inversión (ROI)

Es inútil promocionar contenidos si luego no recuperas la inversión realizada. Por eso conocer los KPI te dará la información necesaria para calcular el ROI, siglas en inglés de *Return On Investment* o retorno de la inversión. Sin darle mayores vueltas, el ROI dice si el presupuesto invertido rindió los frutos esperados.

¿Cómo se calcula el ROI en una estrategia de marketing *online*? Debes tener a mano dos cifras esenciales:

• El monto de la inversión realizada en la promoción.

• Los ingresos generados por la campaña. Con estos dos datos realiza la siguiente fórmula:

1. Al beneficio obtenido o esperado le restas el monto de la inversión.

2. Divide ese resultado entre el costo de la inversión.

3. Para expresarlo en porcentaje, multiplica el último resultado por 100. Esta última cifra representa al ROI.

Selecciona, organiza e interpreta las métricas

¿Qué hacer con tantos números sobre el escritorio? Te propongo seguir los siguientes cuatro pasos:

• Seleccionar cuáles indicadores son vitales al momento de la medición. Elige solo aquellos que impacten directamente los objetivos de la empresa.

• Organizar la evolución de los indicadores elegidos para saber si se están alcanzando o no los objetivos. La mejor manera de organizar tales métricas es incluirlas en un cuadro de mandos. Puede ser un documento Excel o una herramienta especializada que marca el objetivo y el tiempo en que se alcanzará.

• Interpretar los datos para pasar de lo cuantitativo a lo cualitativo, con el fin de responder una pregunta fundamental: ¿por qué funcionó o fracasó la estrategia?

• Decidir si conviene seguir por el mismo camino o cambiar de rumbo.

Fija un plan de contingencia

No hay que esperar el cumplimiento de todo el plan de marketing digital para evaluar la efectividad de las acciones: medir resultados es una tarea permanente. Así sabremos antes de que termine el plazo de la campaña si se está alcanzando o no la meta. Y actuar en consecuencia.

Términos a conocer

Glosario con las definiciones que debes manejar sí o sí

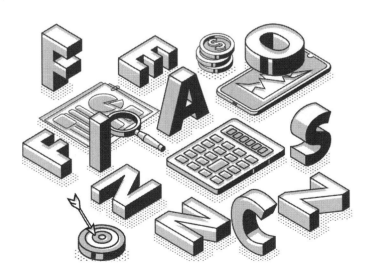

Accesos

Número de veces que los visitantes acceden a una web a través de una página determinada.

Ad-Blocker

Extensiones de Google Chrome que sirven para bloquear banners y publicidad cuando un usuario navega por Internet.

Admin o administrador

Usuario de una comunidad o de una página web con acceso a agregar, editar o borrar contenido.

Adwords

Google Adwords es una plataforma publicitaria para crear campañas de anuncios de texto, imágenes y animaciones en redes sociales y en páginas web independientes asociadas con Google.

Alcance de una publicación

Indica la cantidad de personas que vieron determinada publicación. Es una de las principales categorías para evaluar la gestión de redes sociales y creación de estrategias.

Algoritmo

Fórmulas de programación usadas por las redes para las búsquedas, clasificación de publicaciones y segmentación.

Analytics

Herramienta Google Analytics muy útil para conocer datos de los sitios web, como número de visitantes, tiempo de visita, origen de entrada en el sitio, entre otros.

Ads

Publicaciones pagadas para la promoción de contenidos, promociones, *branding*, etc.

Automatización de Marketing

El uso de herramientas para automatizar los procesos de marketing digital, tales como *email marketing* o agendamiento de publicaciones.

Avatar

Imagen usada como foto de perfil en la red social.

B2B

De las iniciales en inglés *Business to Business*, es un modelo de negocio que se da entre dos empresas.

B2C

Business to Consumer es un modelo de negocio que se da entre una empresa y personas como clientes.

Banners

Sistemas de publicidad que se paga a partir de la cantidad de veces que aparecen (impresiones) en el sitio web.

Bio

Las informaciones contenidas en el perfil, tales como nombre, edad o país de origen.

Blog

Esta unión de «web» y «log» es el espacio digital donde compartir contenido sobre un tema específico. Una herramienta indispensable del marketing de contenido.

Blogger

Responsable del manejo de un blog.

Branding

Conjunto de estrategias y acciones para que una marca sobresalga en el mercado, desde su formación, gestión, identidad visual, posicionamiento y relación con el público, entre otros aspectos.

Campaña

Uno o más anuncios pagos en las redes sociales y todo el proceso relacionado con su publicación, monitoreo y gestión.

Community Manager

Es el responsable de la creación y la gestión de las comunicaciones de redes sociales para un negocio o marca.

Comité de crisis

Es el grupo de personas en una marca que son convocadas para gestionar y resolver una crisis de reputación digital.

Content Manager System (CMS)

Plataformas de administración de contenidos que facilita la creación de blogs y sitios web.

Copy

Contenido de texto que acompaña los enlaces,

imágenes, video y audio de las publicaciones.

CPC

Costo por clic. Métrica usada para determinar lo que el cliente pagará a partir de cada clic recibido en su anuncio.

CPM

El costo por mil impresiones es usado para definir el valor a ser pagado por cada mil apariciones de un contenido promocionado.

Cuenta corporativa

Lo personal queda fuera y publica contenidos exclusivamente relacionados con el producto o servicio que ofrece la empresa.

Cuenta particular

Cuentas de usuarios que optaron por limitar el acceso a sus publicaciones.

Cuenta personal

Incorpora exclusivamente los aspectos de la vida íntima y familiar (relaciones de pareja, hobbies y gustos, celebraciones, etc.).

Cuenta personal/ profesional

Toma en cuenta los elementos de la cuenta privada más el desempeño profesional. El emprendedor que busque cautivar a su audiencia debe mezclar ambos universos: aspectos de su vida privada que le den calidez y cercanía a su firma, con contenidos profesionales que lo conviertan en un referente dentro de su sector.

Cuenta verificada

Perfil que corresponde a cierta persona o entidad. Se puede identificar por el check azul que aparece al lado del nombre.

Curación de contenido

Buscar, organizar, filtrar y redefinir contenido que proviene de diversas fuentes de origen.

Desvirtualizar

Cuando contactas personalmente a una persona que conociste en redes sociales.

Denunciar como *spam*

Cuando un usuario denuncia al moderador de la red social porque considera impropios los contenidos que publica.

Ebook

Libro electrónico o digital. Muy utilizado para la captura de *leads*.

Edge Rank

Algoritmo utilizado por Facebook que jerarquiza las publicaciones de nuestros usuarios no de forma cronológica sino por el mayor o menor grado de afinidad con los usuarios.

Email marketing

Usar el correo electrónico para difundir mensajes y contenidos, así como contactar con el usuario.

Engagement

Participación, compromiso y emocionalidad que genera una cuenta entre sus seguidores. Se refleja en el número de comentarios, Me gusta, contenidos compartidos y demás.

Escucha activa

Establecer mecanismos para conocer qué dice la audiencia de una marca y el entorno en que se mueve.

Facebook Commerce (F-Commerce)

Realización de ventas de productos o servicios a través de las páginas de Facebook, es decir, Comercio Electrónico en Facebook.

Facebook Insights

Sistema de estadísticas para conocer lo que hacen los visitantes en su página y aplicaciones en Facebook.

Fans

Usuarios que han indicado que les gusta un perfil, principalmente de Facebook e Instagram.

Fan Page

Funcionan como perfiles, aunque no necesitan añadir amigos para permitir la función «Me gusta», por lo que tiene un tono más empresarial.

Feed

Línea de tiempo con las actualizaciones de los contactos en una red o blog.

Followers

Seguidores o usuarios que siguen determinado perfil en una red social para recibir sus actualizaciones.

Fuente de tráfico

Cómo llegaron los visitantes a un sitio web, ya sea mediante acceso directo, motor de búsqueda o enlace desde otro sitio o red social.

Geotagging

Marcación de una foto a partir de la localización.

Google Trends

Herramienta de Google que muestra las principales tendencias de búsqueda por Internet.

Header

Foto grande que se visualiza en la parte superior de un perfil de red social.

Hootsuite

Sistema de gestión de publicaciones que integra plataformas como Twitter, Facebook y LinkedIn.

Impresiones

Visualizaciones de un contenido.

Inbound Marketing

Forma de marketing que busca interesar al público de manera no invasiva, apoyándose en el SEO, marketing de contenidos, estrategias en redes sociales, generación de *leads*, marketing de automatización, encuestas, personalización, entre otros.

Influencer

Persona con reputación dentro de determinada red social y que al expresar una opinión o compartir una idea o conocimiento en su comunidad digital, genera reacciones y mueve a la acción a sus seguidores.

Infografías

Imágenes que permiten organizar y comunicar información técnica o detallada de manera visual.

Instagram Stories

Utilidad de Instagram para compartir en vivo imágenes y videos.

IOR (Impact Of Relationship)

Metodología de medición de la presencia y fortaleza de una marca en redes sociales, teniendo en cuenta no solo elementos cuantitativos, sino también cualitativos y emocionales.

Instagramers

Personas muy activas en la red social Instagram.

KPI

Siglas de Key Performance Indicator. Métrica utilizada para evaluar los factores determinantes para el éxito de una campaña, ya sea aumento de número de seguidores, *engagement*, alcance, visualizaciones, tasa de conversión, entre otros.

Lead

Usuario que ha llenado un formulario en línea y entregado sus datos de contacto e información básica. De allí pasa a una base de datos utilizada por la organización para interactuar con él y tratar de convertirlo en cliente o consumidor.

Like

«Me gusta».

Live Streaming

Formato de distribución instantánea de contenido multimedia muy usado para la realización de webinars en vivo.

MailChimp

Herramienta para realizar acciones de *email marketing*.

Marca personal

Es la huella que dejamos en las personas, cómo nos perciben los otros; en fin, es la combinación de personalidad, habilidades, aptitudes, pasiones, expectativas, conocimientos y experiencias que te hacen único.

Marketing de afiliación

Vender productos o servicios de otras empresas (afiliados) a cambio de una comisión.

Marketing de contenidos

Busca mostrar contenido relevante para los seguidores con el fin de generar valor para una marca.

Mashup

Contenidos creados a partir de la mezcla de otros contenidos hasta que resulta algo completamente nuevo.

Mención

Cuando el usuario es mencionado en una red por medio de un @.

Networking

Relaciones y contactos que se realizan digitalmente.

Nicho

Mercado especializado de una marca.

Notificación

Mensaje que avisa sobre alguna novedad o actualización en redes sociales.

Orgánico

Agrupa a ese público voluntario que llegó al contenido por medio de motores de búsqueda o publicaciones no pagadas.

Opt-in

Cuando un suscriptor acepta recibir mensajes en una estrategia de *email marketing*.

Opt-out

Cuando un suscriptor rechaza recibir mensajes de una estrategia de *email marketing*.

Pay Per Clic (PPC)

Modelo de anuncio que es cobrado por cantidad de clics en anuncios *online* tanto en blogs como en buscadores.

Podcast

Contenido en formato audio.

Post

Publicación, ya sea entradas de texto,

imágenes, audios, gifs o videos, puestas en blogs y redes sociales.

Post patrocinado

Contenidos pagados por personas o empresas con el objetivo de darles mayor alcance en redes sociales.

Power Editor

Herramienta de Facebook para la gestión de anuncios en esta red.

Reach

Término usado en Facebook para identificar el alcance de un post.

Reputación

Opinión que se tiene sobre una persona, marca o empresa en las redes sociales, los blogs, los resultados de motores de búsqueda y otros canales de Internet.

Retarget

Estrategia de marketing que busca presentar anuncios de los productos o servicios a las personas que visitaron la web de la empresa o su perfil en las redes sociales.

ROI

Retorno sobre la Inversión es una métrica usada para determinar el retorno financiero de una acción de marketing. La fórmula más básica es restar la inversión de la ganancia obtenida, y dividirla por la misma inversión. Para porcentualizar, se multiplica este último resultado por 100.

Segmentación

Dividir al público o consumidores según criterios específicos (edad, ubicación geográfica, sexo, etc.) para direccionar las acciones de marketing y que resulten más efectivas.

SEO

Search Engine Optimization es una serie de prácticas para aumentar la visualización de una web o contenido por medio de buscadores. Involucra la optimización del formato de contenido, palabras claves, mecanismos de búsqueda , entre otros.

Social Media Manager

Persona responsable de crear y poner en acción las tareas estratégicas de las redes sociales virtuales de la empresa.

Spam

Mensajes repetitivos y no solicitados publicados en redes sociales o enviados por correo electrónico.

Storytelling

Insertar en la historia de las personas la historia de la marca para lograr una mayor recordación.

Tag o Tagear

Etiquetar a otro usuario, funcionalidad utilizada en redes sociales para crear un enlace al perfil de la persona que aparece en la imagen o en un post.

Tasa de conversión

Métrica usada para medir los resultados de estrategias y campañas de marketing según sean los objetivos propuestos, desde generación de *leads*, solicitud de presupuestos, o compras en un *e-commerce*.

Timeline

Organización cronológica de publicaciones en redes sociales.

Troll

Usuario mal intencionado que busca generar conflictos y controversias *online*.

Trending Topics #TT

Los principales temas hablados en un espacio de tiempo dentro de la red social.

Unfollow

Acción de dejar de seguir a alguien.

Viral

Cualquier texto, imagen o contenido que se difunda con alta velocidad por Internet.

Visualización

Cada visualización representa la oportunidad en que un usuario accede a determinado contenido desde su dispositivo.

Vlog

Unión de las palabras video + blog.

Vlogger

También conocido como *vloguero* o *youtuber*, es el individuo que produce contenidos en el formato de video.

Webinar

Conferencia *online* en formato de charlas en vivo, que permite comunicarse vía chat con los espectadores.

WordPress

Herramienta de creación de sitios web más potente en la actualidad.

La primera edición de
Convierte a tus seguidores en clientes
fue impresa en 2019